기다렸어,
이런
음악 수업

일러두기

1. 본문에 들어간 QR 코드를 인식하면 해당 곡을 들을 수 있습니다.
   만약 유튜브 영상이 삭제되었다면 곡 제목을 검색해 감상하기 바랍니다.

2. 작품집과 모음집은 《 》로, 부속곡과 단일곡은 〈 〉로 표기했습니다.

3. 책은 《 》로, 신문·잡지·영화·드라마는 〈 〉로 표기했습니다.

4. 외국의 인명과 지명은 국립국어원 외래어 표기법을 따르되, 일반적으로 널리 쓰이는
   일부 명칭은 예외를 두었습니다.

기다렸어,
이런
음악 수업

음악실에서 만나는
과학 · 수학 · 사회 · 역사 · 문학

조현영 지음

다른

'진짜' 공부가 하고 싶은 여러분에게
음악을 권합니다

여러분 안녕하세요? 피아니스트이자 음악책을 쓰는 작가 조현영입니다. 저는 지금까지 오랜 시간 공연과 강연에서 음악 이야기를 해왔어요. 청중은 대부분 성인이었죠. 그런데 아들이 사춘기에 접어들면서 청소년 청중을 생각하게 되었어요. 그 시작은 십대 문화에 대한 관심이었습니다.

아들이 쓰는 단어, 좋아하는 게임, 즐겨 보는 유튜브 채널을 비롯해 아들과 또래 친구들의 행동에 주목하며 십대의 세계를 이해하려고 노력했어요. 제가 십대 시절에 배우고 경험한 것과 비교해 엄청난 변화와 차이가 있으니까요. 더는 '라떼는(나 때는) 말이야'를 외쳐서는 안 된다는 것을 절실히 느꼈습니다.

갑작스러운 팬데믹으로 생활환경이 달라지면서 교육 방법과 형태도 크게 바뀌었습니다. 학교 수업이 원격수업으로 대체되면서 학생들이 혼자 인터넷 강의를 보며 공부하는 일이 자연스러워졌어요. 이 시점에 효과적인 공부란 무엇인지 고민했습니다. 효과적인 공부법이란 누군가 감독해서 하는 공부보다는 스스로 재미를 찾고 새로운 것을 알아가는 것이 아닐까요? 수동적으로 수업을 들으며 일부 과목에만 치중하는 공부로는 초고속으로 변하는 지금의 세상에 적응하기 힘들어요. 사회는 점점 더 창의 융합형 인재를 원하고 있습니다.

어느 날은 우연히 아들이 원격수업을 하는 모습을 보다가 놀랐어요. 수학 시간이었는데 수학자 피타고라스와 음계를 함께 설명하는 것이 아니겠어요? 제가 음악 강연에서 하는 이야기를 수학 시간에 듣다니 정말 반가웠습니다. 이처럼 수학도 음악을 알면 훨씬 이해가 빠릅니다. 수학뿐만 아니라 과학, 사회, 역사 등 다른 과목도 마찬가지예요. 이 깨달음은 음악을 전공한 저에게 음악과 여러 교과목을 연결하면 다른 분야의 지식을 넓히는 데 큰 도움이 되리라는 확신을 주었습니다.

2015 개정 교육 과정을 살펴보면 교육에서 가장 추구하는 인재상과 핵심역량을 알 수 있어요. 바로 '창의 융합'입니다. 세상은 인문학적 상상력이 있고, 과학기술 창조력을 갖추며, 다양한 분야에서 새로운 가치를 창출하는 사람을 원하고 있습니다. 오늘날은 과학자가 문학적 상상력으로 소설을 쓰고, 물리학자가 미술 작품을 분석하고, 가수가 과학적인 원리를 담아 작곡하고, 피아니스트가 발명품을 만드는 시대입니다.

우리는 자신의 전공 분야를 중심으로 다른 분야와의 접점을 알려 주는 사람에게 더 매력을 느낍니다. 위인 중에도 음악과 과학, 문학 등 두루 관심을 표현한 이들이 많지요. 우리나라에는 대왕 세종과 정조, 다산 정약용 등이 있고, 서양에는 음계를 발견한 피타고라스부터 독일 문학에 깊은 관심을 두고 직접 대본을 쓴 작곡가 바그너, 법을 공부하다 음악가가 된 차이콥스키, 법과 경제학을 전공했지만 화가가 된 칸딘스키, 바이올린 연주를 잘했던 물리학자 아인슈타인 등을 찾아볼 수 있습니다. 이들을 보는 것만으로도 음악이라는 학문이 얼마나 많은 분야와 연관이 있는지 알 수 있어요.

《기다렸어, 이런 음악 수업》을 쓰면서 저의 십대 시절을 떠올렸습니다. 흔히 음악을 전공한다고 하면 무조건 음악만 잘하면 된다고 생각하지요. 하지만 사실 모든 공부는 연결되어 있습니다. 저는 여느 피아니스트와 달리 이과에서 공부하다가 고등학교 3학년이 되어서야 진로를 결정했습니다. 뒤늦게 시작한 피아노였지만 평상시 공부하던 방법을 음악에 적용하니 많은 것이 비슷했어요. 악보를 읽어 내는 능력은 국어 지문을 이해하는 것과 비슷했고, 리듬과 박자를 맞추는 일은 수학의 원리와 같았으며, 소리와 음색을 드러내는 것은 과학의 영역이었고, 작곡가의 삶을 이해하는 것은 사회나 역사와 연결되었습니다. 그때까지 익혔던

교과 지식이 모두 음악에 들어 있다는 것을 느끼는 순간 음악 공부가 훨씬 더 재밌어졌어요. 이런 저의 경험과 지식을 바탕으로 음악과 관련한 과학, 수학, 사회, 역사, 문학을 다른 시선으로 다루어 보았습니다.

앞으로 여러분이 만날 세상은 지금까지 제가 살아온 세상과 아주 다릅니다. 인간과 기술이 함께하는 영역이 점점 늘어 가는 만큼 다양한 분야에 관심을 두는 사람이 할 수 있는 일이 많아질 겁니다. 유튜브 콘텐츠를 만드는 일에도, 게임을 개발하는 일에도 음악이 빠지지 않습니다. 음악이 없는 분야는 하나도 없어요. 다가올 미래 사회의 주인공이 될 여러분에게 이 책이 세상을 바라보는 시선을 넓힐 기회가 되기를 바랍니다.

1교시

○

과학 시간

창의 융합적 사고를 위한

과학 × 음악 빙고!

선율	화성	모차르트 효과	연탄곡
뇌량	주파수	파동	헤르츠
파형	가청 주파수	알파파	음색
오케스트라	목관악기	음향	잔향

얼마나 알고 있는지 체크해 볼까요?

클래식을 들으면
정말 똑똑해질까요?

뇌과학으로 이해하는 '모차르트 효과'

들으면서 읽어요

볼프강 아마데우스 모차르트, 〈두 대의 피아노를 위한 소나타 라장조〉

두 연주자가 피아노를 마주 두고 앉아 연주하는 것이 특징인 피아노 소나타입니다.
연주자들 사이의 호흡에 주목하며 들어 보세요.

다음 쪽에 등장하는 초상화는 천재 작곡가로 알려진 볼프강 아마데우스 모차르트의 열세 살 때의 모습입니다. 여러분 눈에도 모차르트가 천재처럼 보이나요? 그의 중간 이름인 아마데우스 Amadeus는 '신의 축복이 가득한'이라는 뜻의 라틴어예요. 그 이름처럼 모차르트는 하늘에서 내려 준 재주를 지닌 천재天才였습니다.

과연 모차르트는 천재라고 불릴 만큼 똑똑했을까요? 대체로 똑똑한 사람들은 어떤 개념이나 상황을 정확하게 파악하고 현명한 결과를 끌어냅니다. 기억력도 좋고, 배우는 속도와 능력도 탁월하지요. 또한 추상적인 단어를 명확하고 구체적으로 설명해냅니다. 그런 의미에서 모차르트는 진짜 똑똑한 사람이었어요. 알다시피 음악은 형체가 없는 '추상 예술'이자, 동시에 멈추지 않고 흘러가는 '시간 예술'입니다. 모차르트는 이러한 특징을 이해하고 음악에 주제를 명확하고 구체적으로 담아냈습니다. 그러니 천재라고 불릴 만하겠지요?

모차르트의 어린 시절 모습
모차르트는 아홉 살에 첫 교향곡을 작곡하고,
열두 살에 첫 오페라를 작곡할 만큼 천재 음악가로 유명했어요.

클래식이 선사하는 여러 학습 효과

저는 음악 교육자로서 오랫동안 클래식의 여러 효과를 연구하고 있습니다. 여기서는 그중 학습 효과를 살펴볼게요.

첫 번째 학습 효과는 집중력과 기억력 향상입니다. 클래식을 자주 접하는 사람이거나 연주자라면 듣는 데에 나름 단련되어 집중력과 기억력이 좋은 편입니다. 연주자가 악보를 외우고 무대에서 연주할 수 있는 것도 이러한 이유 때문이라고 할 수 있지요. 그렇다면 클래식이 어떤 원리로 이러한 효과를 불러오는지 몇 가지 예를 들어 보겠습니다.

클래식은 다른 음악과 달리 주제 선율이 대체로 길고, 선율 자체도 복잡한 편입니다. 또한 클래식의 화성은 다른 음악보다 훨씬 두텁고 복잡합니다. 선율이 음이 나란히 흐르는 개념이라면, 이와 반대로 화성은 음이 층층이 쌓인 형태로 볼 수 있습니다. 선율은 '가락', 화성은 '하모니'라고도 하지요.

서로 다른 두 성부의 음악을 2성, 세 성부의 음악을 3성이라고 부릅니다. 아홉 성부 음악인 9성도 있어요. 9성은 아홉 명이 각자 다른 노래를 동시에 부르는 것이니 이를 듣고 기억하기란 얼마나 어려울까요? 클래식은 흘려들어서는 기억하기 힘듭니다. 클래식과 친해지려면 길이가 짧은 곡부터 여러 번 들어 보며 연습해야 한다는 이유가 바로 이 때문입니다.

　길고 복잡한 음악을 듣거나 연주하려면 당연히 집중력이 필요하겠죠? 음악을 주의 깊게 들어야 제대로 이해할 수 있을 테니까요. 즉 단순한 듣기^{hear}가 아니라 경청^{listen}이 이루어져야 합니다. 혼자서 연주할 때는 자기가 어떤 소리를 내는지 정확하게 들어야 하고, 누군가와 함께 연주할 때는 자기 소리와 더불어 상대가 내는 소리도 집중해서 들어야 해요. 이렇듯 클래식을 들을 때는 집중해야 하는 만큼 집중력이 향상됩니다. 이러한 집중력 향상은 공부는 물론 두뇌 발달에도 도움을 줍니다.

　두뇌가 발달한 사람은 뇌 신경세포가 촘촘하게 연결되어 있고 복잡하게 잘 발달되었다고 해요. 흔히 신경세포 간의 연결을 시냅스가 잘 형성되어 있다고 표현합니다. 시냅스란 신경세포 끼리 접하는 부위를 말하는데요, 뇌 신경세포끼리 느슨하지 않고 단단하게 연결되어 있으면 기억력에도 좋은 영향을 미칩니다.

　두 번째 학습 효과는 상상력 향상입니다. 음악은 눈에 보이지 않으므로 음의 흐름을 따라가려면 고도의 상상력이 필요해요.

의사소통 능력 UP

클래식과 대중음악 중 나의 집중력 향상에 더 도움이 되는 음악은?
그 이유도 함께 이야기해 봅시다.

따라서 클래식을 듣다 보면 음들이 어떻게 움직이는지 머릿속 오선지에 악보를 그려 보는 훈련이 이루어집니다. 악보를 직접 보고 연주하는 대신 악보에 쓰인 음표가 어떻게 울릴지 상상해 보는 것도 좋은 훈련입니다. 이를 흔히 악보를 읽어 내는 능력이 라고 말하지요. 악기가 없거나 소리 내서 연습할 수 없을 때 연주자가 많이 사용하는 방법입니다.

루드비히 판 베토벤이 청각장애로 귀가 들리지 않았는데도 작곡을 할 수 있었던 비결은 바로 머릿속에서 음을 구현하며 구체적인 소리로 이해할 수 있었기 때문이에요. 누구나 할 수 있는 건 아니지만, 베토벤은 음악적 상상력이 풍부했기에 가능했습니다. 대체로 작곡가들은 피아노 앞에서 연주해 가며 소리를 듣고 작곡을 하죠. 물론 베토벤처럼 악기 없이 상상만으로 작곡하는 사람도 있어요.

마지막 학습 효과는 여러 신체 부위의 움직임에 따른 두뇌 회전입니다. 악기 연주를 하다 보면 손과 발을 평소와 다르게 움직일 때가 많습니다. 예를 들어 피아노를 연주할 때는 평상시 잘 쓰지 않는 왼손 손가락을 모두 사용할 뿐더러 오른발로는 음을 울리게 하는 댐퍼 페달을 밟아요. 그리고 때에 따라서는 왼발로 소프트 페달을 눌러 음량을 작게 줄입니다.

또한 등이나 어깨 근육 등 여러 신체 부위를 동시에 사용하기도 합니다. 피아노 건반을 누를 때 여러 신체 부위의 상호작용이 이루어지는 거예요. 한 가지 동작만 할 때보다 여러 동작을 동시에 할 때 두뇌가 훨씬 많이 쓰이기 때문에 악기 연주는 두뇌 회전에도 상당히 도움이 됩니다.

클래식을 듣는 것만으로도 두뇌가 발달할 수 있어요. 악기를 직접 연주하면 그 효과가 배가됩니다. 연주가 두뇌 발달을 촉진한다는 것은 많은 과학자와 수학자가 악기 연주를 즐겨했다는 사실로도 알 수 있어요.

천재 물리학자 알베르트 아인슈타인은 평생 모차르트 음악을 듣고 자주 연주했습니다. 바이올린을 수준급으로 켰다고 알려져 있지요. 1918년 노벨 물리학상을 받은 이론 물리학자 막스 플랑크 역시 오케스트라 지휘뿐만 아니라 피아노 연주에도 능했어요. 이러한 일화처럼 클래식을 듣거나 연주하면 똑똑해진다는 사실은 깨나 설득력을 얻고 있습니다.

클래식은 뇌를 춤추게 한다

1993년 미국 캘리포니아대학교 연구팀은 모차르트 음악이 아이큐를 높인다는 모차르트 효과를 증명하기 위한 실험을 진행했습니다. 이때 실험에 쓰인 모차르트의 〈두 대의 피아노를 위한 소나타 라장조〉가 엄청 유명해졌지요.

실험 결과, 모차르트의 음악을 들은 사람은 그렇지 않은 사람보다 추론, 형태 비교, 인지 능력 등이 월등했습니다. 물론 이 실험을 둘러싸고 논란이 없던 건 아니에요. 하지만 저는 꼭 모차르트 음악이 아니더라도 클래식을 들으면 이런 능력이 향상된다고 생각합니다.

아래의 악보를 예시로 설명해 볼게요. 이 곡은 모차르트가 스물다섯 살쯤에 작곡한 피아노 소나타로, 피아노 두 대가 같이 연

모차르트의 〈두 대의 피아노를 위한 소나타 라장조 1악장〉 악보
피아노가 I, II로 나뉜 구성이 눈에 띄네요. 과연 모차르트 효과는 존재할까요?

주하는 구성입니다. 두 사람이 각자 피아노 앞에 앉아 연주하는 곡이라서 한 대의 피아노에서 두 사람이 함께 연주하는 연탄곡과는 차이가 있어요. 모차르트는 두 대의 피아노를 위한 소나타를 이 곡 말고도 두 곡 더 작곡했지만 미완성으로 그친 탓에 이 곡이 가장 유명합니다.

〈두 대의 피아노를 위한 소나타 라장조〉는 총 3악장으로 나뉘어 있는데, 세 악장 모두 장조라서 들으면 기분이 상쾌해집니다. 빠르기는 1악장 알레그로(빠르게), 2악장 안단테(느리게), 3악장 몰토 알레그로(더욱 빠르게)예요. 정해진 빠르기를 따라 연주하다 보면 달리는 차를 탄 기분이 듭니다. 빠르게 출발했다가 잠시 한숨 돌리나 싶었는데 다시 가속 페달을 깊게 밟으며 스피드를 즐기는 것처럼 말이죠.

이 곡은 혼자 연주하는 곡이 아니므로 두 사람이 연주할 때 피아노 사이의 거리는 물론 서로 주고받는 부분도 고려해야 합니다. 상대방의 연주를 잘 들어야 좋은 연주를 할 수 있어요. 혼자만 잘해서는 소용없는 셈이지요.

악보에는 피아노가 I, II로 나뉘어 있습니다. 이는 두 대의 피아노로 연주한다는 것을 나타냅니다. 또한 두 사람이 양손으로 연주하므로 오선지가 네 줄로 구성되어 있어요. 악보에 따르면 처음에는 두 연주자가 동시에 시작하지만 음악이 진행되면서 혼자 연주하거나 앞서 연주한 멜로디를 다른 연주자가 이어받아서 연주하기도 해요. 이런 경우 앞서 연주한 멜로디를 기억하고 있는 사람은 이후 흐름을 예측할 수 있어요.

뇌 구조를 바꾸는 클래식

한 작곡가의 음악을 자주 듣다 보면 그 작곡가만의 멜로디 흐름을 알 수 있습니다. 작곡가마다 나름의 질서가 있기 때문입니다. 좀 더 쉽게 생각하면, 베토벤과 모차르트의 음악을 들을 때 색깔이 다르다고 느끼는 것과 같아요. 아무 생각 없이 들을 때와 달리 악보를 보면서 경청하거나 실제로 연주를 하다 보면 여러 효과가 일어납니다. 우선 몸의 다양한 근육을 사용해서 눈으로 보고, 귀로 듣고, 손가락으로 건반을 움직이고, 발로 페달을 사용하는 방법을 익히게 됩니다. 그 과정에서 여러 변화를 겪으면서 뇌세포가 발달합니다.

여러 과학자는 클래식 연주나 감상이 뇌의 구조를 발달시켜 두뇌 능력을 키운다고 보고 있어요. 예를 들어 수학에서 비례의 개념을 어려워하는 학생이 클래식에 익숙해지면 비례를 쉽게 이해할 수 있습니다. 수학적인 형태로 비율과 패턴이 반복되는 클래식 곡들이 많기 때문입니다.

음악의 기본 요소인 리듬, 멜로디, 화성에 쓰이는 음표, 쉼표, 박자 등은 기본적으로 수학적 요소입니다. 이것들을 제대로 지키지 않으면 좋은 연주는 할 수 없어요. 2분음표와 4분음표의 길이를 제대로 설정하지 않고 연주자가 내키는 대로 연주한다면 어떻게 될까요? 음악적인 질서는 엉망이 되고, 흐름 또한 깨질 것입니다.

음악가들은 좌뇌와 우뇌를 연결하는 다리인 뇌량의 크기가 큰 편입니다. 이는 악보를 보고 음악을 듣고 악기를 연주함으로써 시각, 청각, 운동에 관한 뇌의 각 부분이 잘 연결되기 때문입니다. 뇌과학자들은 단순한 멜로디를 처리할 때조차 뇌에서 인식, 집중, 기억 등 다양한 인지 과정을 거친다고 말합니다. 음악이 사람의 귀에 자극을 주면 귀의 청각세포에서 전기신호가 만들어지는데요, 이 전기신호가 주파수별로 뇌의 여러 부위로 퍼지면서 뇌를 활성화하고 뇌 구조에도 긍정적인 영향을 끼친다고 본 것이죠.

이런 원리로 음악을 가까이하다 보면 기억력과 회상 능력이 발달합니다. 또한 음악을 들었을 때 주요 멜로디가 무엇이고, 이 멜로디가 어떻게 발전되어 어느 시점에서 다시 등장하는지 일정한 패턴을 알게 됩니다. 하나의 곡 안에 여러 음이 조화와 질서를 이루고 있음을 알게 되면, 들리기만 했던 음악에서 눈앞에 그려지는 음악으로 변화합니다.

"클래식을 들으면 똑똑해지나요?"라는 질문에 저는 정답이 없다고 말합니다. 클래식을 듣지 않는데도 학교 성적이 좋거나 암기력이 뛰어난 사람이 있을 수 있으니까요. 하지만 이것만은 자신 있게 이야기할 수 있어요. 사람은 음악을 들으면서 정서가 발달하고 마음이 편안해지면서 좋은 결과를 이루어 냅니다. 그런 의미에서 클래식은 두뇌 발달에 좋은 자극을 줌으로써 사람을 똑똑하게 변화하게 하는 셈입니다.

물론 기분이 좋아지는 음악이라면 꼭 클래식이 아니어도 좋습니다. 하지만 클래식이 효과를 극대화하는 것은 분명합니다.

파동에 치유의 힘이
있다고요?

주파수로 보는 오르골 소리

들으면서 읽어요

히사이시 조, 〈인생의 회전목마〉(오르골 버전)

애니메이션 〈하울의 움직이는 성〉 OST로 유명한 곡이죠. 친숙한 오케스트라 원곡도
오르골 버전으로 들으면 색다르게 느껴집니다.

어릴 때 부모님께 크리스마스 선물로 음악상자를 받았어요. 태엽을 감고 책상 위에 올려 두면 음악상자의 유리구슬 속 흩날리는 눈발 가운데 발레리나 인형이 움직이고 오르골 소리가 흘러나왔죠. 그때는 그 소리가 오르골인 줄 몰랐다가 어른이 되어서야 오르골을 직접 보고 알게 되었습니다. 어쩜 그리 작고 네모난 상자에서 아름다운 소리가 나는지 신기하더군요.

　잠들기 전 침대맡에서 오르골 소리를 들으면 마음이 편안해지면서 스르르 눈이 감겼습니다. 여러분도 한 번쯤 오르골 소리를 들어 봤을 텐데요, 다른 악기와 달리 오르골 소리를 편안하게 느끼는 이유는 무엇일까요? 바로 주파수 때문입니다. 오르골과 주파수가 무슨 관계냐고요? 지금부터 그 비밀을 파헤쳐 봅시다.

마법 상자 오르골의 비밀

주파수란 1초 동안 전파나 음파가 진동하는 횟수를 의미합니다. 이러한 진동이 퍼져 나가는 움직임은 파동이라고 해요. 물체가 외부에서 충격을 받으면 소리가 발생하며, 모든 소리는 공기 속에서 고유의 주파수를 갖습니다. 우리가 친한 친구에게 "우리는 주파수가 잘 맞아!"라고 말할 때를 떠올려 보세요. 나와 상대의 성향, 즉 주파수가 맞지 않으면 불편한 점이 많잖아요. 주파수를 제대로 맞추지 않고 라디오를 들으면 지지직거리며 노이즈가 발생하는 것처럼 말이죠.

주파수의 단위는 헤르츠^{Hz}입니다. 라디오를 듣다 보면 "FM 93.1 메가헤르츠^{MHz}입니다"와 같은 멘트를 들을 수 있는데요, 라디오 방송 채널마다 주파수가 달라서 구분해 알려 주는 것입니다. 라디오 방송처럼 악기 또한 각각 주파수가 다릅니다.

그중 피아노를 예로 들어 볼게요. 피아노는 음마다 건반이 다르고, 건반마다 현이 연결되어 있어요. 일반적인 피아노는 7옥타브 4분의 1 길이로 건반은 88개고, 현의 수는 모델에 따라 다르지만 보통 약 230개입니다. 테너 및 고음에서 건반 하나에 현 3개가 매여 있고, 베이스 음이 낮아질수록 현의 수가 3개에서 2개, 1개로 줄어듭니다. 따라서 현마다 고정된 주파수가 모두 다르지요.

오르골 음악상자
듣고만 있어도 마음이 편안해지는 오르골 소리에는
어떤 비밀이 숨어 있을까요?

우리가 흔히 음악상자라고 부르는 오르골은 '작은 피아노'로 볼 수 있어요. 태엽을 손으로 돌리면 작은 핀이 달린 금속 원통인 드럼이 돌아갑니다. 오르골은 이를 통해 음악이 연주되는 아날로그 방식의 금속 장치입니다. 손으로 태엽을 감은 만큼 음악이 연주되다가 태엽이 모두 풀리면 음악이 멈춰요. 드럼의 지름이 길수록 음악이 나오는 시간도 길어집니다.

우아한 나무상자와 정교한 금속이 결합된 오르골은 언뜻 멋진 장식품처럼 보입니다. 그 안에서 평온한 소리가 흘러나오니 음악상자라기보다 '마법 상자'라고 불러야 할 것 같아요. 이 오르골에서 나오는 음파가 척수와 대뇌 사이에 있는 뇌간을 자극해 마음을 편안하게 한답니다.

앞서 오르골을 작은 피아노라고 표현했지요. 오르골은 노트^{note}라는 단위로 구분하는데, 오르골의 노트 수는 피아노의 건반 수와 비슷합니다. 노트가 많을수록 소리가 풍성해져요. 피아노도 건반 개수가 많을수록 가로가 길어지는 것은 물론이고 음폭이 넓어집니다. 음폭이 넓으면 다양한 음역대를 표현할 수 있으니 더 많은 곡을 연주할 수 있어요.

유아용 피아노는 건반이 61개 정도 되고, 말했듯이 일반적인 피아노의 건반은 88개입니다. 건반 개수가 다른 만큼 소리를 낼 수 있는 음폭도 당연히 다르겠지요? 오르골을 잘 살펴보면 50노트, 72노트 등이라고 적혀 있는데, 이는 피아노로 치면 건반 개수에 해당합니다.

탐구력 UP

전파, 음파, 초음파 등 파동을 이용해 만든 물건을 주변에서 찾아보세요.

파동이 인체에 끼치는 영향

음악과 과학, 음악과 수학을 연관 지을 때 음파를 빼놓고 이야기할 수 없습니다. 세상의 모든 소리는 매질媒質인 공기를 진동시키며 퍼져 나가는 파동이에요. 이 사실은 악기에서도 매우 중요합니다. 공기가 없으면 소리가 발생할 수 없기 때문입니다. 또한 악기의 종류에 따라 다르긴 하지만, 특정 음마다 음파의 모양인 파형이 뚜렷한 편입니다.

모든 소리는 파동을 통해 퍼지며 고유의 주파수를 가지고 있습니다. 사람이 들을 수 있는 범위의 주파수를 의미하는 가청 주파수는 20~2만 헤르츠 사이입니다. 즉 20헤르츠 미만의 초저주파와 2만 헤르츠 이상의 초고주파는 사람에게 들리지 않아요. 그럼 우리 귀에 잘 들리는 악기를 연주할 때는 어떤 주파수가 나올까요?

피아노와 타악기를 연주할 때는 초저주파가 발생하고, 바이올린과 플루트를 연주할 때는 초고주파가 발생합니다. 초저주파와 초고주파에는 심신을 치유하는 기능이 있다고 알려져 있어요. 1995년 교토대학교 연구팀의 연구에 따르면 초저주파와 초고주파의 소리가 뇌간을 자극해 인체의 자가 치유력을 높인다고 합니다.

슬픔도 통증도 잊게 하는 파장

디지털 기기로는 가청 주파수를 넘어서는 저주파와 고주파가 발생하지 않습니다. 폭넓은 주파수를 경험하려면 오케스트라 연주를 직접 들어야 하는데, 매번 음악을 듣기 위해 연주회장을 찾기란 쉽지 않죠. 그와 비슷한 소리를 내는 악기의 연주를 듣는 것이 도움이 됩니다. 이때 오르골이 바로 가청 주파수를 넘어선 음역의 소리도 그대로 살릴 수 있는 악기예요.

오르골을 연주하는 동안 주파수를 측정하니 3.75헤르츠의 초저주파부터 10만 헤르츠 이상의 초고주파까지 다양한 주파수가 발생했다는 연구 결과가 있어요. 오르골 소리를 들을 때 긴장이 풀린 상태에서 나오는 뇌파인 알파파가 많이 생긴다는 연구 결과도 있고, 통증이 줄어든다는 임상 결과도 많아요. 이미 여러 학자의 연구를 통해 음악 감상이 인간의 건강에 긍정적인 영향을 미친다는 사실이 밝혀졌습니다. 특정 음파에서 유리잔이 깨지듯 특정 주파수에서 몸의 면역 체계를 일깨울 수 있는 것이죠.

기계에서 나오는 디지털 음으로 둘러싸인 요즘 세상에서 아날로그 음파만의 초저주파와 초고주파는 뇌간을 자극해 마음을 편안하게 합니다. 이로써 치유의 힘을 갖게 되지요. 그런 의미에서 스트리밍보다는 CD 음원이 좋고, 디지털인 CD보다는 아날로그인 LP의 음색이 좋습니다. 가장 좋은 음악 감상법은 연주회장에서 연주자의 연주를 직접 듣는 것입니다. 어때요? 기회가 된다면 연주회장을 한번 찾아가 보는 것도 좋겠죠?

악기도 사람처럼 음색이 있나요?

오케스트라의 구성과 소리

들으면서 읽어요

벤저민 브리튼, 〈청소년을 위한 관현악 입문〉

브리튼이 청소년 교육 영화를 위해 만든 관현악곡으로, 오케스트라를 구성하는
악기들의 특징을 알기 쉽게 작곡되었어요. 다양한 악기의 음색을 감상해 볼까요?

아이들은 아무리 사람이 많은 곳에서도 엄마가 부르면 바로 알아듣습니다. 엄마와 목소리가 비슷한 이모의 목소리도 금방 구분할 수 있어요. 엄마와 이모가 자매 사이라도 각자 고유의 목소리를 갖고 있기 때문이에요. 악기도 마찬가지로 사람의 목소리처럼 각기 다른 소리를 냅니다. 바로 음색이 다르기 때문이지요.

같은 악기라도 음색은 다르다

음색은 곧 음의 색깔을 의미합니다. 악기마다 당연히 음색이 다르고, 같은 악기더라도 누가 어떻게 연주하느냐에 따라 음색이 달라집니다. 음악에서 음색은 연주의 질을 결정할 만큼 아주 중요해요. 그래서 좋은 음색을 내기 위해 연주자는 끊임없이 연습하지요. 그렇다면 음색은 어떻게 달라지는 걸까요?

소리는 공기 중에서 물체가 진동하면서 발생합니다. 공기가 소리를 전달하므로, 공기 같은 매질이 존재하지 않는 진공 상태에서는 소리가 발생하지 못합니다. 1초 동안 전파나 음파가 진동하는 횟수가 주파수고, 모든 소리는 고유의 주파수를 가지고 있으며 크기, 높낮이, 음색으로 구분할 수 있습니다. 소리의 크기는 음의 세기를 말해요. 소리의 높낮이란 음의 높고 낮음을 말하고요. 그리고 여기서 이야기할 음색이 엄마와 이모를 구분하는 가장 큰 차이라고 할 수 있어요.

사람의 신체 기관 중 소리를 내는 것과 가장 관계있는 곳이 어디일까요? 맞아요. 바로 목입니다. 목은 하나의 악기로 볼 수 있어요. 목 안의 발성기관인 성대가 떨리면서 소리가 발생하고, 혀와 입술이 연주자처럼 움직여서 특정 음을 냅니다. 엄마와 이모의 목소리가 비슷한 이유는 같은 부모에게서 태어난 자매라서 신체 기관이 유전적으로 비슷하기 때문입니다.

음색을 오케스트라를 구성하는 악기들로 설명해 볼게요. 건반악기인 피아노, 현악기인 바이올린, 목관악기인 플루트는 모두 음색이 달라요. 관현악단이라고 부르는 오케스트라orchestra는 음색이 제각각인 여러 악기가 동시에 소리를 내며 조화를 이룹니다.

사고력 UP

지구에서와 달리 우주에서는 소리가 존재하지 않는 까닭은 무엇일까요?

오케스트라는 원래 고대 그리스에서 연극을 공연하던 반원형의 무대를 일컫는 말이었습니다. 악기와는 상관없이 연극 무대를 의미했지요. 그러다가 16세기 말에 종합 예술인 오페라가 생겨나면서 그곳에 연주자들이 앉기 시작했고, 시간이 지나면서 연주자의 집합 자체를 오케스트라라고 부르게 되었습니다.

오케스트라 악기 쉽게 구분하는 법

연주회장에 가서 오케스트라를 보면 가운데 지휘자를 중심으로 악기가 배치되어 있습니다. 먼저 현악기를 살펴볼까요?

왼쪽에는 바이올린, 오른쪽에는 비올라와 첼로, 그 뒤쪽에는 더블베이스가 자리합니다. 현악기는 모두 4개의 현으로 이루어진 악기인데, 그중 바이올린, 비올라, 첼로, 더블베이스가 오케스트라의 주요 현악기입니다. 네 현악기는 나무통 위에 걸린 현을 활로 문질러 소리를 내는 찰현악기고, 크기에 따라 음색이 다릅니다. 가장 크기가 작은 바이올린이 가장 높은 음역대의 소리를 내고, 비올라, 첼로, 더블베이스 순으로 음역대가 낮아집니다.

이밖에 하프라는 조금 낯선 현악기도 있어요. 하프는 여러 개의 현을 손가락으로 튕기거나 긁어서 소리를 냅니다. 7개의 페달을 발로 눌러서 음높이를 조절하는 것이 특징이지요. 현악기는 모두 현으로 소리를 내므로 음색이 비슷하지만 자세히 들어보면 차이가 있습니다.

다음으로 구멍이 뚫린 통에 입으로 바람을 넣어서 소리를 내는 관악기를 소개해 볼게요. 관악기는 목관악기와 금관악기로 나누어져요.

목관악기는 나무로 만든 관악기를 의미합니다. 대표적으로 플루트, 오보에, 클라리넷, 바순, 색소폰 등이 있어요. 지금은 금속 재질로 만들지만 그전까지는 오랫동안 나무로 만들었기 때문에 현재도 목관악기로 구분합니다. 목관악기는 대체로 따뜻하고 높은 소리를 냅니다.

금관악기는 금속 재질로 만든 관악기를 의미합니다. 목관악기의 음색이 가늘다면 금관악기의 음색은 굵고 경쾌합니다. 금관악기의 종류에는 뿔 모양의 호른과 낭랑하고 경쾌한 소리를 내는 트럼펫, 트럼펫보다 크고 낮은 음색을 내는 트롬본, 마지막으로 가장 낮은 음색을 내며 우렁찬 기운을 과시하는 튜바가 있어요. 모든 악기는 시대에 따라 모양이 바뀌면서 음색도 조금씩 변했습니다. 원전原典 악기라고 부르는 옛 시대 악기의 음색이 대체로 부드럽습니다.

오케스트라를 이루는 악기 배치도
오케스트라는 음색이 서로 다른 악기들이 한데 모여 아름다운 음악을 만들어 냅니다.

타악기는 단어에서 연상할 수 있듯, 두드리거나 흔들어서 소리를 내는 악기를 일컫습니다. 초등학교에서 배우는 리듬악기의 대부분이 타악기예요. 트라이앵글, 탬버린, 캐스터네츠 등이 그렇습니다. 그 외에도 팀파니, 마림바, 실로폰, 비브라폰, 벨 등의 유음 타악기와 음높이가 없는 큰북, 작은북, 심벌즈 등의 무음 타악기가 있어요.

이렇듯 오케스트라에는 재료도 크기도 연주 방법도 각기 다른 악기들이 등장합니다. 음색이 다른 악기들을 동시에 연주하는 오케스트라에서 가장 중요한 것은 음색의 조화예요. 음색이 하나인 독주 악기의 연주도 좋지만, 다양한 악기의 음색을 조화롭게 표현하는 오케스트라 음악을 감상하는 것도 재미있답니다.

그럼 같은 곡을 연주하는 독주 악기와 오케스트라의 음색이 어떻게 다른지 비교해 볼까요? 감상하면서 비교하기에 적당한 곡을 소개할게요. 1945년 영국의 작곡가 벤저민 브리튼이 작곡한 〈청소년을 위한 관현악 입문〉이라는 관현악곡인데요, 부제는 '퍼셀의 주제에 의한 변주곡과 푸가'입니다. 17세기 영국의 작곡가 헨리 퍼셀이 작곡한 〈무어인의 복수〉라는 곡을 이용해 만들었어요.

〈무어인의 복수〉는 '압델라자르'라고도 불립니다. 압델라자르는 애프라 벤의 희곡 《압델라자르》의 제목이자 주인공의 이름이에요. 퍼셀은 이 희곡을 비극으로 각색한 연극에 쓰일 부수 음악을 작곡하죠. 그리고 몇 세기가 흘러 브리튼이 퍼셀의 모음곡 중 두 번째 곡인 〈론도〉를 주제 삼아 〈청소년을 위한 관현악 입문〉을 작곡합니다.

〈청소년을 위한 관현악 입문〉은 영국 정부가 청소년의 음악 교육을 목적으로 만든 영화 〈오케스트라의 악기〉에 삽입되었고, 브리튼은 영화 중간에 해설을 직접 덧붙여 관객의 이해를 돕기도 했어요.

또한 이 곡은 국내에서도 청소년을 위한 음악회에 빠지지 않고 등장합니다. 총 3부로 나뉘며 1부는 퍼셀의 주제를 전체 오케스트라와 파트별 악기들이 연주하고, 2부는 악기별로 13개의 변주곡을 연주합니다. 그리고 3부는 푸가^{fuga}를 연주하면서 악기의 어울림을 보여 줍니다.

실제 공연이 왜 더 감동적일까요?

콘서트홀의 구조와 음향의 관계

들으면서 읽어요

게오르크 프리드리히 헨델, 〈할렐루야〉

오라토리오 《메시아》에 등장하는 웅장한 곡이지요. 국왕 조지 2세가 공연을 보다가 기립했다는 설이 있을 정도예요. 그만큼 감동적인 곡이라는 거겠죠? 직접 들으며 그 감동을 느껴 보세요.

앞서 소리가 어떻게 발생하는지 알아봤습니다. 물체가 외부 충격을 받으면 공기에 진동이 일어나면서 소리가 발생한다고 했지요. 이때 소리가 어떻게 전달되느냐에 따라 우리 귀에 들리는 음향이 달라집니다. 알다시피 자연의 소리와 전자음악은 음향이 다릅니다. 컴퓨터나 휴대폰, CD 플레이어는 물론이고 스트리밍으로 듣는 음원은 모두 전기를 통해 소리가 전달됩니다. 이러한 전자음악은 주파수를 일정하게 조절할 수도 있고, 마이크나 증폭기로 소리를 크게 울리게 할 수도 있지요.

　자연에서 나는 소리는 어떨까요? 빗소리나 바람 소리, 풀잎이 사각거리는 소리, 눈 밟는 소리, 파도 소리, 모래를 만지는 소리, 맛있는 음식을 먹는 소리 또는 연주회장에서 직접 듣는 연주 소리 등은 전기 없이도 우리 귀에 잘 들립니다. 또한 그날의 날씨나 상태 등에 따라 소리는 매번 다르게 들립니다. 사람의 감정도 소리에 따라 달라지겠지요? 그렇다면 음향은 어떤 요소 때문에 변화할까요?

우리 귀에 소리가 들리는 과정

음향音響은 '소리 음'에 '울릴 향'이라는 한자로 이루어진 단어로, 보통 소리를 일컫습니다. 정확히 말하면 음향은 소리의 울림을 의미해요. 그러므로 소리가 좋다는 말은 음향이 좋다는 뜻이기도 합니다. 달리 표현하면 울림이 좋다고 말할 수 있죠. 이러한 음향이 어떻게 변화하는지 알아보기 전에 소리가 우리 귀에 들리는 과정부터 살펴볼게요.

소리는 외이의 한 부분인 귓바퀴를 통해 바깥귀길이라고도 부르는 S자 모양의 외이도로 들어와요. 외이도를 통과해 소리가 고막에 부딪히면 고막과 귓속뼈가 그 진동을 달팽이관에 전달합니다. 그러면 달팽이관 안에 있는 청각세포는 진동을 자극으로 받아들이고, 이 자극이 청각신경을 통해 뇌에 전달되면 뇌에서 소리로 인지하는 것이죠.

탐구력 UP

빛은 어떻게 우리 눈에 보이는 걸까요?
빛 자극이 전달되는 경로를 써 보고 그 과정을 설명해 보세요.

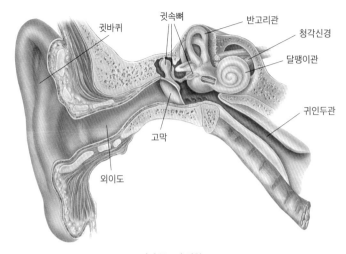

귓바퀴 · 귓속뼈 · 반고리관 · 청각신경 · 달팽이관 · 귀인두관 · 고막 · 외이도

귀의 구조와 명칭

외이도부터 청각신경까지 여러 경로를 거쳐 뇌가 소리를 인지해요.

콘서트홀을 포도밭처럼 만든 이유

이제 본론으로 들어가 볼까요? 음향의 변화를 일으키는 첫 번째 주요소는 소리가 만들어지는 장소입니다. 같은 악기라도 어떤 공간에서 연주하느냐에 따라 연주의 질이 달라질 수 있어요. 그래서 실제로 음악을 들으러 갈 때는 공연 장소를 반드시 확인해야 합니다.

공연장 내부가 어떤 재질로 구성되었는지, 관객석이 어떤 방식으로 배치되었는지, 무대 위 반사판이 어떻게 설치되었는지 등에 따라 음향이 달라집니다. 그래서 콘서트 표의 가격도 어떤 홀의 어느 자리냐에 따라 천차만별이에요. 공연이 잘 보이면서 음향이 좋은 좌석이라면 그렇지 않은 좌석보다 가격이 훨씬 비쌀 겁니다.

옆의 사진은 세계적으로 널리 알려진 콘서트홀의 내부 모습이에요. 첫 번째 사진은 독일의 수도 베를린에 있는 베를린 필하모니 홀입니다. 유명한 베를린 필하모니 관현악단이 상주하는 연주회장으로 대부분의 연주가 이곳에서 열립니다.

두 번째 사진은 오스트리아의 수도 빈에 있는 빈 무지크페라인(음악협회)의 내부 모습입니다. 내부가 황금색으로 꾸며져 '황금홀'이라고 불린답니다. 이곳 역시 유명한 빈 필하모니 관현악단이 상주하는 곳이자, 매년 새해가 되면 신년 음악회가 열리는 곳이에요.

마지막 사진은 서울 잠실에 있는 롯데 콘서트홀입니다. 우리나라에서 두 번째로 지어진 대규모 음악 전문 콘서트홀로 빈야드 스타일로 설계되었어요. 빈야드^{vineyard}는 '포도밭'을 뜻해요. 대부분 콘서트홀은 네모난 신발상자 모양이지만, 이곳은 포도밭이라는 이름처럼 옆으로 넓게 퍼진 모양이랍니다.

롯데 콘서트홀을 설계한 독일의 건축가 한스 샤로운은 공연장

가장 유명한
콘서트홀이라고 할 만한
베를린 필하모니 홀

황금빛 내부와 화려한
샹들리에가 인상적인
빈 무지크페라인

관객석이 포도밭처럼
설계되어 유명한
우리나라의 롯데 콘서트홀

으로서 관객이 연주자들을 두루 둘러싸는 빈야드 스타일이 적합하다고 보았습니다. 샤로운의 설계안은 당시 국내에서 낯선 양식이었던 만큼 여러 논란을 일으켰어요. 하지만 끝내 빈야드 스타일이 받아들여졌고, 현재 롯데 콘서트홀은 전 세계 빈야드 스타일 콘서트홀의 모델이 되었습니다. 베를린 필하모니 관현악단의 전 상임 지휘자인 헤르베르트 폰 카라얀은 샤로운의 빈야드 스타일을 두고 "음이 넓고 깊게 퍼져 나가게 함으로써 음악에 온전히 집중하도록 배려한 설계"라며 극찬했다고 해요.

공연장에서 소리가 뚝 끊긴다면?

음향의 변화를 일으키는 두 번째 주요소는 공간이 얼마큼 채워져 있는가입니다. 빈 집에서 박수를 치면 소리가 울리지만, 집이 사람이나 물건으로 어느 정도 채워져 있다면 박수 소리가 줄어듭니다. 사람이나 물건이 소리를 빨아들이기 때문이죠. 한편 공간의 크기로도 음향이 달라집니다. 잔향殘響, 즉 음악이 그친 후에도 남아서 들리는 소리도 공간의 크기에 영향을 받습니다.

잔향 시간에 따라 음악이 다르게 느껴지는 만큼, 콘서트홀은 이러한 영향을 특히 신경 씁니다. 성악가가 입술을 다물자마자 노래가 뚝 끊긴다면 감동도 곧바로 끊어질 테니까요. 또한 오케스트라, 성악가, 독주 악기 등 어떤 공연을 하냐에 따라 최적의 잔향 시간이 다릅니다.

예를 들어 오케스트라 공연장은 잔향 시간을 1.6~2.2초로 길게 설계해 풍성하고 웅장한 감동을 느낄 수 있게 합니다. 예술의 전당 클래식 전용 콘서트홀은 잔향 시간이 2.1초에 달하죠. 성악가가 돋보여야 하는 오페라 극장은 오케스트라 공연장보다 덜 울려야 대사가 명확히 들리므로 잔향 시간을 1.3~1.8초로 짧게 조절합니다. 예술의 전당 오페라하우스는 2009년 리모델링으로 잔향 시간을 1.3초에서 1.5초로 늘려 공연에서 명료한 발성과 풍부한 음색이 잘 조화를 이루게 했어요.

이처럼 예술의 전당 같은 콘서트홀은 공연 용도에 맞게 공연장을 따로 마련하고 있습니다. 오페라나 뮤지컬을 위한 오페라 극장, 대규모 오케스트라 공연을 위한 콘서트홀, 독주 악기 연주를 위한 리사이틀홀, 실내악 연주에 특화된 챔버홀 등이 대표적입니다.

잔향 시간은 벽 재료에 따라서도 달라져요. 극장 상영관은 소리를 잘 흡수하는 흡음재를 사용해서 벽이 살짝 푹신한 편입니다. 밀도가 낮고 통기성이 좋은 재료는 소리 에너지를 쉽게 흡수하지만, 돌처럼 딱딱한 재료는 소리를 거의 흡수하지 않아요. 이렇듯 딱딱한 재료는 소리 에너지를 튕겨 내기 때문에 반사재로 쓰입니다. 공연장에서는 무대 바닥이나 벽에 단단하고 두꺼운 합판 반사재를 붙이고 관객석 뒷벽은 메아리가 생기지 않도록 구멍이 송송 뚫린 합성섬유 흡음재를 붙여서 잔향 시간을 원하는 대로 조절합니다.

음높이에 따라서도 잔향 시간을 잘 조절해야 합니다. 중간 음(500헤르츠)과 저음(125헤르츠)의 잔향 시간은 같지만, 저음의 잔향 시간을 의도적으로 더 길게 설계하기도 합니다. 저음이 오래 울릴수록 청중이 음악을 따뜻하게 느끼기 때문이에요. 남성 바리톤의 목소리를 떠올려 보세요. 바리톤의 목소리는 크지 않지만 주변 공기를 밀어내는 듯 중후하고 따스한 느낌을 줍니다. 그래서 보통 공연장은 중간 음보다 저음이 0.5초 더 길게 울리도록 설계해요.

음향의 변화를 일으키는 마지막 주요소는 음향이 반사되는 방향입니다. 예를 들어 콘서트홀의 합창단 좌석은 음향의 반사를 고려해 주로 지휘자의 정면과 무대 뒤편에 자리해요. 또한 피아노 연주회에서 피아노 뚜껑은 오른쪽으로 열려 있습니다. 그 이유도 청중을 향해 소리가 잘 퍼지도록 하기 위함입니다. 피아노 뚜껑이 왼쪽으로 열려 있는 것은 아마도 보지 못했을 거예요.

이처럼 음향은 공간과 소리를 전달하는 매질, 공간 설계에 쓰인 재료, 그리고 공간을 채우는 물건이나 사람 수에 따라 다르게 느껴집니다. 이제 왜 공연장을 직접 찾아가서 음악을 들어야 하는지 이해했나요? 우리는 음악을 귀로만 듣지 않습니다. 그렇기에 실제 공연장에서는 수동적인 입장에서 벗어나 연주자들의 움직임과 눈빛 그리고 숨결을 느끼며 제2의 연주자처럼 음악을 함께 만들어 갑니다. 이러한 경험이 주는 감동은 집에서 혼자 음악을 듣거나 차에서 라디오를 들을 때는 느낄 수 없어요.

지금은 과학기술이 발달해서 언제든지 좋은 음반을 구해서 들을 수 있어요. 하지만 전자 기기로 듣는 음원은 녹음된 것이기에 언제 들어도 연주 소리가 같고, 주파수도 같아요. 반면 실제 공연은 매번 다릅니다. 앞서 설명한 몇 가지 요소 외에도 날씨, 공연장의 온습도, 연주자의 악기 상태 등에 따라 음향이 다르게 연출됩니다. 음악은 그림처럼 언제 어디서나 두고 볼 수 없어요. 그날 그 시간 그 장소에서 딱 한 번 느낄 수 있는 특별한 경험이랍니다.

헨델의 최고 역작 〈할렐루야〉

공연장의 울림을 최대한 느낄 수 있는 작품은 합창곡입니다. 그중 '음악의 어머니'라고 불리는 독일의 작곡가 헨델이 작곡한 오라토리오 《메시아》에 수록된 〈할렐루야〉 이야기를 해볼까요? 그 전에 먼저 헨델에 대해 알아봅시다.

1685년 독일 중부의 작은 마을 할레에서 태어난 게오르크 프리드리히 헨델은 아홉 살 때부터 오르간을 배웠어요. 대학에서 법률을 공부했지만 열여덟 살에 함부르크 오페라 극장에서 일자리를 얻은 이후 그는 음악가가 되기로 결심합니다. 헨델은 스무 살에 오페라 《알미라》로 성공을 거두고는 바로 오페라의 본고장인 이탈리아 로마로 가서 내로라하는 작곡가들에게 실내악을 배웁니다. 이후 로마는 물론이고 피렌체와 베네치아에서도 오페라 작곡가로 명성을 날렸죠. 1710년에는 스물다섯이라는 젊은 나이에 독일 하노버 궁정의 악장으로 초빙됩니다.

그러다 휴가차 찾은 영국에 눌러앉고서는 1712년부터 영국 런던에서 오페라 작곡가이자 오페라 극장의 운영자로 살아갑니다. 1719년에는 이탈리아 오페라의 상연을 위해 왕립 음악 아카데미를 세웁니다. 지금 우리가 알고 있는 왕립 음악 아카데미는 교육기관이지만, 당시 헨델은 회사로서 이 아카데미를 세웠어요. 이후 그가 운영하던 오페라 극장의 상황이 여의치 않아지면서, 결국 헨델은 1737년 세 번째 파산을 맞은 뒤 극장 문을 닫고 맙니다.

시간이 흘러 1741년에 헨델은 아일랜드 더블린으로부터 자선 음악회 제안을 받습니다. 영국의 시인 찰스 제넨스에게서 그리스도의 일대기를 다룬 대본을 받아 두었던 헨델은 이때부터 오라토리오 《메시아》의 작곡을 시작합니다. 《메시아》는 총 3부로 구성되며, 1부에서는 예언과 탄생, 2부에서는 수난과 속죄, 3부에서는 부활과 영원한 생명에 관한 내용을 다루는데요, 이 오라토리오로 헨델의 인생은 완전히 달라집니다.

　〈할레루야〉는 《메시아》 2부 수난과 속죄 편 마지막에 나옵니다. 이 곡에 대한 재미있는 일화가 있어요. 음악회를 찾은 영국의 왕 조지 2세가 〈할렐루야〉가 나오자 자리에서 벌떡 일어났다고 해요. 조지 2세가 실제로 그랬는지는 모르지만, 그만큼 음악이 감동적이었다는 것이겠죠? 지금도 연주 도중에 〈할레루야〉가 나오면 간혹 서서 듣는 사람이 있습니다. 헨델 본인도 이 작품을 "하늘이 열리며 위대한 신의 모습이 보였다"라고 평가했습니다. 여러분은 〈할레루야〉를 듣고 어떻게 느낄지 궁금하네요.

2교시

○

—— 수학 시간 ——

창의 융합적 사고를 위한

수학 × 음악 빙고!

황금비	선분	황금분할	피타고라스
등차수열	조바꿈	음계	음정
화음	음률	평균율	조옮김
카논	돌림노래	뉴에이지 음악	통주저음

얼마나 알고 있는지 체크해 볼까요?

음악에도 황금비가 있나요?

쇼팽 악보에 숨겨진 황금분할

들으면서 읽어요

프레데리크 쇼팽, 〈전주곡 1번〉

24개의 곡으로 구성된 《전주곡집》의 첫 번째 전주곡이에요. 1분 정도의 짧은
곡이지만 한번 들으면 잊을 수 없을 만큼 강렬한 느낌을 준답니다.

황금비라는 말을 들어 봤나요? 황금이라는 단어가 들어가면 대체로 좋은 의미죠. 황금비는 우리 눈에 가장 조화로운 비율을 의미합니다. 이러한 황금비는 음악에서도 엿볼 수 있는데요, 먼저 황금비가 무엇인지 좀 더 자세히 알아볼까요?

황금비의 탄생

여기에 선분의 길이가 다른 직사각형이 있다고 해볼게요. 먼저 선분은 직선 위의 두 점을 연결한 직선을 일컫습니다. 긴 변을 A, 짧은 변을 B라고 하고, B로 이루어진 정사각형을 처음 직사각형에서 잘라 내요. 남아 있는 직사각형의 비율이 처음 직사각형의 비율과 같아질 때 A와 B 두 변은 황금비가 성립합니다. 황금비는 약 1.618 : 1입니다. 간략하게 말하면 황금비란 직선을 긴 부분과 짧은 부분으로 나눌 때, 긴 부분과 짧은 부분의 비가 전체와 긴 부분의 비와 같아지는 지점입니다.

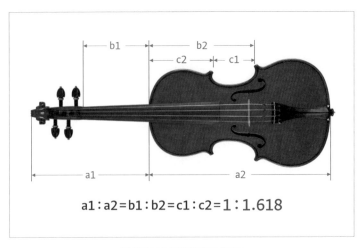

$$a1 : a2 = b1 : b2 = c1 : c2 = 1 : 1.618$$

황금비로 살펴본 바이올린의 구조
바이올린에도 황금비가 숨어 있다니 신기하지 않나요?

황금비는 우리 주변에서도 발견할 수 있습니다. 바이올린도 황금비를 이용해서 만들어졌어요. 숫자가 딱 맞아떨어지는 건 아니지만요. 위의 그림에서 알 수 있듯이 바이올린 몸체의 길이 (a2)와 목간의 길이(a1)가 황금비를 띠고 있습니다.

사고력 UP

예술은 조화를 이룰 때 아름답다고 말합니다. 그렇다면 일정한 질서 없이 연주하는 재즈 음악이나 추상 미술은 왜 아름답다고 평가받을까요?

쇼팽 음악 속 황금비

바이올린 같은 악기뿐 아니라, 음악에서도 많은 작곡가가 황금비를 이용했습니다. 물론 작곡가들이 처음부터 황금비를 일부러 사용한 것은 아니에요. 후대 사람들이 작곡가의 작품을 분석해 보고 황금비가 쓰였다고 주장한 것이죠. 그래서 간혹 논쟁이 일어나기도 합니다. 그중 바흐, 모차르트, 쇼팽, 벨러 버르토크 등의 작곡가가 남긴 작품에 황금비가 숨어 있다고 알려져 있습니다. 여기서는 쇼팽의 악보를 들여다보며 이야기를 나눠 볼게요.

프레데리크 쇼팽은 19세기 낭만주의 음악의 대표적인 작곡가입니다. 그의 작품에는 《전주곡집》이라는 모음곡이 있습니다. 잠깐 클래식 곡 제목의 표기 방법을 살펴볼까요?

《전주곡집》은 작품 번호 28을 뜻하는 Op.28 안에 24곡이 담긴 구성이에요. 그중 첫 번째 곡을 Op.28-1로 표기해요. 이처럼 한 곡 안에 여러 곡이 모음곡으로 구성되어 있을 때는 'Op.'와 'No.'를 함께 쓰거나 '-'를 이용해 표기합니다. 예를 들면 Op.28 No.1 또는 Op.28-1 같은 식이에요.

본론으로 돌아와서 쇼팽의 《전주곡집》의 첫 번째 곡인 〈전주곡 1번〉은 연주 시간이 42초로 짧지만 구성이 치밀합니다. 시작, 클라이맥스, 끝이 존재하는데, 그중 클라이맥스는 13번째 마디

쇼팽의 〈전주곡 1번〉 악보

악보에서 네모로 표시한 부분을 눈여겨보세요. 뭔가 특별한 점이 보이지 않나요?

예요. 이 클라이맥스에서 황금분할이 나타납니다. 황금분할은 해당 부분을 황금비로 나눈 것을 의미해요.

이 곡의 전체 마디 수인 34를 넣어 $34 : x = 1.619 : 1$의 식으로 x 값을 구하면 21이 나옵니다. 즉 21번째 마디에서 황금분할을 발견할 수 있어요. 그래서 이 곡은 클라이맥스인 13번째 마디와 21번째 마디에서 음악의 흐름이 크게 달라집니다. 신기하죠? 악보를 보면서 음악을 들으면 훨씬 빠르게 이해할 수 있을 거예요.

이처럼 작곡가들은 황금분할을 의도하지 않고도 수많은 경험으로 어느 부분에 클라이맥스를 배치해야 듣기에도 좋고 흐름도 원활할지 자연스레 알아냈습니다. 결과적으로 아주 멋진 음악이 탄생한 것이죠.

수학자가 화음을
발견했다고요?

피타고라스 음계와 등차수열

들으면서 읽어요

요한 제바스티안 바흐, 〈G선상의 아리아〉

〈관현악 모음곡 3번〉에 수록된 아리아를 관현악이 아닌 바이올린 독주용으로
편곡한 곡으로, 바이올린의 가장 두껍고 낮은 음역을 담당하는 G선으로만
연주한다는 것이 특징입니다.

여러분은 수학을 좋아하나요? 저는 학창 시절에는 좋아하지 않았지만, 수학이 실생활에 여러모로 쓰인다는 것을 알고 나니 재미있더군요. 수학은 기호와 문자 그리고 숫자를 다루는 학문입니다. 긴 문장도 하나의 식으로 나타내면 간단해지고 의미가 명확해지듯, 많은 음악가도 하고 싶은 말을 음표라는 기호로 축약해서 표현했어요. 음표뿐만 아니라 음표의 길이에 맞는 쉼표도 수학적 기호예요. 박자와 리듬도 수학적 개념이며, 빠르기도 숫자로 표현하죠. 이처럼 음악 곳곳에 수학의 원리가 숨어 있는 만큼, 음악 공부는 일종의 수학 공부라고 할 수 있어요.

음악은 수학의 다른 이름

음악과 수학은 언뜻 관계가 없어 보이지만 알고 보면 접점이 꽤 많답니다. 수학은 이성적이고, 음악은 감성적이라고만 생각하면 큰 오해예요. 숫자와 기호로 적힌 악보에서 수학의 원리를 읽어

내고 악기와 목소리로 표현해 내는 것이 바로 음악입니다. 즉 아름다운 음악을 만들고 연주하려면 수학적 사고방식이 깔려 있어야 해요.

이런 이유로 고대 그리스에서는 수학자이면서 음악가이고, 음악가이면서 수학자인 사람이 많았어요. 대표적인 인물이 바로 피타고라스입니다. 지금 우리가 음악이라고 하면 연주를 떠올리는 것과 달리, 피타고라스가 살던 시대에 음악은 음악학에 기초한 학문이었어요. 그래서 피타고라스는 연주자는 아니더라도 음악을 연구하고 그 속의 수학적 원리를 증명한 '음악가'였죠. 음악가이자 수학자인 피타고라스가 발견한 '음악 속 수학'을 한번 살펴볼까요?

피타고라스가 만든 음계

앞서 황금비로 구성된 음악이 아름답게 들린다고 설명했지요. 이번에는 피타고라스가 발견한 음계에 관해 이야기해 볼게요. 어느 날 대장간 앞을 지나가던 피타고라스는 대장장이가 쇠를 칠 때마다 다른 소리가 난다는 것을 알아챘습니다.

피타고라스는 쇠를 칠 때마다 다른 소리가 나는 이유를 고민했어요. '쇠의 종류가 달라서인가?', '쇠가 달구어진 온도가 달라서인가?', '대장장이가 쇠를 내려치는 힘이 달라서인가?' 등 여러 방면으로 살펴본 결과, 그 이유는 바로 쇠의 길이었어요. 긴 쇠와 짧은 쇠의 소리가 달랐던 거예요. 피타고라스는 길이가 다른 쇠를 칠 때 나는 소리들을 모으고 하나씩 쌓으면서 음계를 발견합니다. 이 음계는 피타고라스가 발견했다고 해서 피타고라스 음계라고 부릅니다.

피타고라스 음계를 정의하면 이렇습니다. 처음에 현의 길이를 1로 정하고, 그 길이를 반으로 줄이면 본래 음보다 8도 높은 음이 나옵니다. 다시 처음 현의 길이를 3분의 2로 줄이면 본래 음보다 5도 높은 음이 나옵니다.

예를 들어 처음 현의 길이에서 '도' 음이 나왔다면 그 절반 길이의 현은 8도 위인 '높은 도'가 되고, 3분의 2 길이의 현은 5도 위인 '솔'이 됩니다. 즉 도 : 솔 : 도(한 옥타브 높은 도)의 비는 $1 : 0.6 : 0.5$가 되고, 이 수들의 역수인 1, 1.5, 2에 해당하는 음의 주파수 비

탐구력 UP

피타고라스는 대장간 앞에서 소리가 나는 이유를 고민했습니다.
여러분이라면 대장간 앞에서 무엇을 생각했을까요? 뜨거운 열과 바람,
소리가 나는 곳이자 무기와 농기구를 만드는 곳이란 점을 떠올려 보세요.

피타고라스가 음계를 만든 과정
피타고라스는 대장간 소음에서 착안해 음계를 만들었어요.

가 일정합니다. 주파수는 진동수를 말하는데, 앞에서 배운 기억
이 나지요? 주파수는 물체가 1초 동안 몇 번 주기운동을 하는지
를 의미합니다.

다시 돌아와서 1 : 1.5 : 2는 비의 차가 0.5로 일정합니다. 각각
다음 수가 0.5씩 커진 것을 알 수 있죠. 이러한 수의 나열을 등차
수열이라고 해요. 피타고라스는 현의 길이의 비가 등차수열을 이
룰 때 가장 아름다운 소리를 낸다는 것을 발견한 겁니다.

피타고라스는 한 음에서 5도 간격으로 음을 올리거나 내리면서 도, 레, 미, 파, 솔, 라, 시, 도 음을 발견했습니다. 하지만 음들의 비를 나열하니 모든 음 사이의 비율이 일정하지 않았어요. 조금씩 차이가 난 것이죠. 이러면 한 명이 고정된 음계로 노래 부를 때는 상관없지만 다른 사람과 함께 부르거나 조바꿈을 하면 멜로디가 다르게 들릴 수 있습니다.

조바꿈은 음악에서 아주 많이 쓰여요. 말 그대로 조를 바꿔서 연주하는 것인데, 멜로디는 듣기에 변함이 없습니다. 예를 들어 다장조의 멜로디를 바장조로 바꿔서 연주하면 건반 위의 음 위치는 변해도 전체 멜로디는 일정하게 들려요.

이러한 문제로 나중에는 피타고라스 음계를 기본으로 만들어진 평균율로 발전합니다. 평균율이 쓰이면서 다른 악기와 함께 연주할 때도 음정이 변하지 않고 조바꿈이 가능해졌습니다. 피타고라스 음계가 완전 5도 음정으로만 음을 쌓아 만든 것이라면, 평균율은 3화음을 중요시하면서 2개의 음정을 쌓은 방식이라 음을 만들기가 훨씬 쉽습니다.

음계, 음정, 화음은 어떻게 다를까?

음악에 쓰이는 수학적 개념 중에서 음계, 음정, 화음을 알아볼게요. 이 세 가지는 서로 비슷해 보여도 의미는 다 다르답니다.

먼저 음계는 일정한 간격을 두고 저음부터 고음까지 일렬로 나열한 것을 말하고, 음정은 두 음 사이의 거리를 말합니다. 음정을 더 자세히 설명해 볼게요. 예를 들어 도에서 미까지는 3도의 거리가 있어요. 여기서 '도^度'는 음정을 측정하는 단위예요. 같은 원리로 도에서 파까지는 4도 음정이 되는 거지요. 음정에는 여러 종류가 있는데, 두 음을 차례로 이어 연주하면 '가락음정'이라고 하고 두 음을 동시에 누르면 '화성음정'이라고 합니다. 따라서 이를 3도 가락음정, 3도 화성음정이라고 정리할 수 있습니다.

음정은 화음을 구성하는 요소예요. 화음은 여러 음의 결합, 즉 높이가 다른 둘 이상의 음이 함께 울릴 때 어울리는 소리를 말

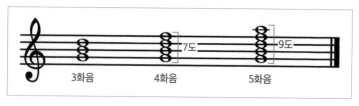

대표적인 화음 세 가지
어떤 음을 밑음으로 하고, 그 위에 음을 겹쳐서 화음을 만듭니다.

해요. 기본적으로는 3도 음정을 쌓아 화음을 만들지만, 현대 음악에서는 4도, 5도 그 밖의 특수한 음을 조립해 화음을 만들기도 합니다. 음악이 점점 다양해지면서 새로운 시도들이 일어나고 규칙을 깨는 경우가 많아졌어요.

　음악과 수학이 밀접하다는 사실이 놀랍지 않나요? 피타고라스 음계에서 시작해서 지금 우리가 쓰는 평균율에 이르기까지 음악은 끊임없이 변화했어요. 그렇게 우리는 여러 음계, 음정, 화음으로 구성된 아름다운 클래식을 듣고 있지요.

소리로 어떻게 균형의
아름다움을 만드나요?

서양음악이 평균율을 따르는 이유

들으면서 읽어요

요한 제바스티안 바흐, 〈전주곡 1번〉

《평균율 클라비어곡집 1권》의 첫 번째 전주곡입니다. 평균율로 이루어진 아름다운
피아노 선율을 함께 감상해 볼까요?

앞서 수학과 음악의 관계를 알아봤어요. 음악뿐 아니라 여러 분야에 수학이 숨어 있다는 걸 알면 수학이 고리타분하다는 생각은 사라질 겁니다. 영국의 수학자 H. E. 헌틀리의 말을 빌려서 이야기를 좀 더 해볼게요.

"음악 작품에서 형식이나 규칙 없이 아무 음표나 쉼표를
늘어놓기만 한다면 그것은 수학 기호를 아무 의미 없이 여기저기
늘어놓는 것과 다름없다. (중략) 음악의 어휘는 인간의 깊은
마음에서 우러나오는 잘 짜인 텍스처와 구조로 음악 작품을
만들어 낸다. 이러한 점은 수학에서도 마찬가지다."

헌틀리의 말이 이해되나요? 우리는 논리 정연한 글이나 말에서 아름다운 규칙을 발견해 냅니다. 두서없는 말은 알아듣기 어려울뿐더러 감정을 느끼기도 어렵죠. 그래서 그럴 때 "대체 무슨 말을 하는 거야?"라고 말하게 되는 것입니다. 규칙이 조화를 이룰 때 좋은 문장이 나오듯 음악과 수학도 마찬가지입니다.

평균율은 왜 조화롭게 들릴까?

피타고라스가 음계를 만든 과정을 살펴봤어요. 그가 만든 음률로 음을 쌓은 것이 피타고라스 음계죠. 음률이란 음이 어떤 비율로 나뉘어 있느냐를 의미하며, 이 음률에 따라 음계가 결정됩니다. 어떤 비율로 나눌지 결정되면 그 법칙대로 음을 나열하는 거예요. 우리나라와 서양의 음악이 다르게 들리는 이유는 바로 음률이 다르기 때문입니다. 우리나라의 국악은 5음계를, 서양음악은 12음계를 사용해요. 국악은 궁, 상, 각, 치, 우 5음으로 구성되고, 서양음악은 낮은 도부터 높은 도까지 7음과 5개의 반음으로 구성됩니다.

서양음악은 기본적으로 평균율로 조율된 음계를 따릅니다. 평균율이란 한 옥타브의 12개 음을 일정하게 나눈 조율 체계를 말해요. 피타고라스 음계나 순정률을 보완해서 만든 것입니다. 피타고라스 음계와 순정률은 정수비로 구성되었지만, 평균율은 무리수의 비율로 구성되었어요. 쉽게 말해 평균율은 모든 음과 음

탐구력 UP

우리나라 음악은 서양음악과 왜 다르게 들리는 걸까요?
대표적인 악기와 음계, 리듬 등을 떠올리며 이야기해 봅시다.

사이의 비율이 같아서 조옮김, 즉 악곡 전체를 다른 조로 바꾸는 게 가능해요.

평균율로 잘 조율된 악기로 연주하면 음악이 아름답게 들리죠. 피아노를 치다 보면 현의 장력이 풀려서 음이 흐트러질 때가 있는데, 이때가 바로 조율이 필요한 시기입니다. 보통 연주장에 있는 피아노는 공연 때마다 조율하고, 집에 있는 피아노는 최대 6개월에 한 번씩 조율하는 편입니다. 그렇지 않고 피아노를 방치하면 곡을 아름답게 연주할 수 없어요.

바흐가 '음악의 아버지'인 이유

지금 우리에게 클래식 음악으로 알려진 곡들은 평균율을 따르고 있어요. 서양음악은 고대, 중세, 르네상스를 거쳐 바로크 음악으로 발전했고, 이 시기에 바흐가 활동했습니다. 1685년에 태어나 1750년까지 활동했던 독일의 작곡가 요한 제바스티안 바흐는 평균율을 적극적으로 도입해 후대 음악가에게 큰 영향을 끼쳤어요. 그가 '음악의 아버지'라고 불리는 이유랍니다.

바흐의 작품 중에서 건반악기를 위한 《평균율 클라비어곡집》은 아주 유명합니다. 지금의 피아노가 등장하기 전에 클라비

클라비코드(위)와 하프시코드(아래)
지금의 피아노가 있기 전에는 이러한 건반악기들이 연주되었답니다.
어떤 소리가 날지 궁금하지 않나요?

코드와 하프시코드라는 건반악기가 주로 쓰였어요. 더 이전에는 오르간이 건반악기의 맏형 같은 역할을 했죠. 그래서 건반악기로 연주하도록 작곡된 곡은 오르간, 클라비코드, 하프시코드로 연주할 수 있습니다. 《평균율 클라비어곡집》의 원제는 'Das Wohltemperierte Klavier'로, '잘 조율된 피아노'라는 뜻입니다. 잘 조율된 피아노에서 아름다운 소리가 나는 건 당연하겠죠?

《평균율 클라비어곡집》은 모두 2권으로, 각 24곡씩 들어 있습니다. 다장조로 시작해서 장조와 단조가 쌍을 이루며 다장조, 다단조, 올림 다장조, 올림 다단조 등 12음계가 2곡씩 이루어져 있습니다. 1권은 1722년, 2권은 1744년에 완성되었어요. 《평균율 클라비어곡집》을 들어 보면 각 조성에 쓰인 음들이 얼마나 조화로운지 알 수 있답니다.

카논 곡은 왜 수학적인가요?

파헬벨과 바흐의 곡으로 본 카논

들으면서 읽어요

요한 제바스티안 바흐, 〈골드베르크 변주곡〉

원래 제목은 따로 있지만 바흐가 제자인 골드베르크를 돕기 위해 만들었다고
해서 흔히 〈골드베르크 변주곡〉이라고 부릅니다. 복잡한 머릿속을 비우기에 좋은
음악이니 잠시 눈을 감고 감상해 보세요. 마음이 편안해질 겁니다.

카논^{canon}이라는 말을 들어 봤나요? 카메라 브랜드를 먼저 떠올리는 사람도 있을 텐데, 음악을 좋아하는 사람이라면 작곡 기법 중 하나인 카논을 떠올릴 거예요.

카논이란 라틴어로 '규범', '기준'이라는 뜻입니다. 여기서는 음악 형식 중 하나를 가리키죠. 음악에서 카논이란 앞서는 선행 성부에서 주제 선율을 연주하면, 뒤따르는 후속 성부가 그것을 똑같이 따라 하면서 화성 진행을 맞춰 나가는 작곡 형식을 말합니다. 즉 왼손의 베이스가 계속 반복되고 오른손의 멜로디가 주제 선율을 중심으로 조금씩 변하는 형태입니다. 음들의 진행이 심하게 변하지 않고, 멜로디가 계속 반복되어서 기억하기 쉽다는 장점이 있죠.

카논과 동요 〈동네 한 바퀴〉

쉽게 말해 카논은 서로 흉내 내고 뒤쫓아 가면서 이어지는 돌림

노래라고 할 수 있어요.

> 다 같이 돌자 동네 한 바퀴
> 아침 일찍 일어나 동네 한 바퀴
> 우리 보고 나팔꽃 인사합니다.
> 우리도 인사하며 동네 한 바퀴
> 바둑이도 같이 돌자 동네 한 바퀴

대표적인 돌림노래인 동요 〈동네 한 바퀴〉를 떠올려 볼까요? 잘 알려져 있듯이 이 동요는 일정한 간격을 두고 계속 반복되며, 먼저 한 팀이 노래를 시작하면 2마디 간격을 두고 다른 팀이 뒤따라가며 진행됩니다. 〈동네 한 바퀴〉는 팀마다 끝마치는 시간이 다르지만, 시작 시간을 조절해 마지막에 같이 끝나는 곡도 많습니다.

한국인이 가장 사랑하는 카논

카논도 여러 곡이 있지만 그중 가장 유명한 곡은 파헬벨의 〈카논과 지그 라장조〉입니다. '건반악기의 대가'로 일컬어지는 파헬벨은 실제로 카논 외에 알려진 곡이 드물어요. 그에 관한 기록이 많이 사라져 없어졌기 때문이에요. 하지만 그는 〈카논과 지그 라장조〉 한 곡만으로도 전 세계 클래식 마니아들의 사랑을 받고 있습니다.

요한 파헬벨은 1653년에 태어난 독일의 작곡가로, 바흐와 같은 바로크 시대에 활동했습니다. 바로크 시대는 대체로 1600년부터 바흐가 세상을 떠난 1750년경까지를 일컫습니다.

파헬벨은 독일 뉘른베르크의 성 로렌츠 교회에서 기초 음악 교육을 받고, 이후 오스트리아 빈에서 궁정 오르간 연주자의 보조로 일했습니다. 1677년에는 바흐의 고향인 독일 아이제나흐의 성 슈테판 성당에서 일하며 요한 크리스토프 바흐에게 오르간을 가르쳤는데, 그는 '음악의 아버지' 요한 세바스티안 바흐의 형입니다. 이로써 파헬벨의 풍부한 지식과 경험이 바흐에게 간접적으로 전해졌고, 결과적으로 바흐의 음악에 많은 영향을 미치게 되었습니다.

파헬벨은 바로크 시대의 작곡가지만, 진취적인 음악 요소를 많이 사용해서 현대적인 감각을 지녔다는 평가를 받았습니다. 그러나 말했듯이 작품 대부분이 유실되었어요. 파헬벨이 살아 있을 때 알려진 작품으로는 변주곡을 일컫는 파르티타 곡인 〈음악의 즐거움〉이 유일하고, 얼마 안 되는 낱개의 악보가 전해지고 있습니다.

자, 다시 곡 이야기로 돌아와 볼게요. 파헬벨의 〈카논과 지그 라장조〉는 한국인이 좋아하는 클래식 10위 안에 꼭 들지만, 이런 공을 세운 사람은 파헬벨이기보다는 미국의 뉴에이지 피아니스트 조지 윈스턴입니다. 지금이야 한국의 이루마나 일본의 히사이시 조 같은 뉴에이지 피아니스트가 여럿 활동하지만, 1980~1990년대만 해도 윈스턴이 독보적이었습니다.

뉴에이지 음악^{new age music}이란 '새로운 시대의 음악'이라는 뜻으로,

파헬벨의 〈카논과 지그 라장조〉 가장 오래된 악보 복사본
가장 유명한 카논 곡은 단연 '파헬벨의 카논'으로 알려진 〈카논과 지그 라장조〉예요.

주로 1980년대에 성행한 장르입니다. 클래식과 팝의 경계를 뛰어넘어 심리치료, 스트레스 해소, 명상에 쓰이는 음악을 폭넓게 이르는 말이기도 하죠. 듣기에는 클래식보다 좀 더 편할 수 있어요. 조지 윈스턴은 파헬벨의 카논 멜로디로 변주곡을 만들었습니다. '카논 변주곡'으로 불리는 이 변주곡이 많은 사람의 사랑을 받게 되었죠.

처음에 파헬벨의 카논은 3대의 바이올린과 통주저음을 위해 작곡되었어요. 통주저음은 주어진 숫자가 딸린 저음 위에 즉흥적으로 화음을 더해 반주 성부를 완성하는 기법을 말해요. 쉽게 말해 통주저음은 처음부터 끝까지 뒤에서 곡의 분위기를 결정하는 지휘관이라고 할 수 있죠. 〈카논과 지그 라장조〉는 제목처럼 카논 뒤에 지그gigue라는 춤곡이 붙은 곡이었는데, 지금은 카논이 워낙 유명해져서 카논만 따로 떼어 피아노나 바이올린 솔로로 연주하는 경우가 많습니다.

3의 배수로 뜯어본 바흐의 변주곡

이제 3의 배수와 관련된 카논을 이야기해 볼 텐데요, 그러려면 파헬벨과 동시대에 활동한 바흐의 곡을 알아봐야 해요. 바흐는

〈골드베르크 변주곡〉이라는 멋진 곡을 작곡했죠. 이 곡은 변주 곡이라는 말에서 알 수 있듯이 하나의 주제 선율을 계속 바꿔 나 갑니다. 그런데 이 곡은 길이가 긴 데다 구조도 복잡하게 얽히고 설켜 있어서 듣는 사람의 반응이 극과 극으로 나뉘어요. 아주 좋 아하거나 아주 어려워하거나 둘 중 하나라고 해도 과언이 아닙 니다.

이미 아는 사람도 있겠지만 곡 제목에 들어간 고유명사는 대 부분 사람 이름이고, 나머지는 대체로 지명입니다. 원래 바흐는 이 곡에 〈2단 건반 쳄발로를 위한 아리아와 여러 변주곡〉이라는 제목을 붙였는데요, 시간이 흘러 〈골드베르크 변주곡〉으로 불리 면서 지금까지 이어지고 있습니다.

제목에 관련된 재미있는 일화가 있어요. 이 곡은 바흐가 자신 의 제자인 골드베르크가 모시던 러시아 대사 카이저링크 백작 의 불면증을 해소하고자 작곡했다고 해요. 그래서 제목에 제자 인 '골드베르크'의 이름이 들어갔다고 하죠.

〈골드베르크 변주곡〉은 굉장히 수학적인 곡이에요. 처음에 서

탐구력 UP

비율과 균형은 음악이 아닌 다른 예술에서도 중요할까요?
미술과 스포츠 등에서 예를 찾아봅시다.

정적인 시칠리아풍의 느린 아리아 주제 선율이 등장하고, 뒤이어 30개의 변주가 진행됩니다. 그리고 곡의 맨 끝에 처음에 나온 아리아가 다시 등장하면서 전형적인 수미쌍관 구조를 이룹니다.

특히 이 곡은 3의 배수에 해당하는 순서에서 변주곡이 나올 때마다 한 음정씩 벌어지는 카논으로 구성되어 있습니다. 청중이 바로 알아채지 못하지만, 격정적인 주제 선율로 서서히 발전하는 구성이죠. 정중앙인 15번째 변주에서는 갑자기 장조에서 단조로 조바꿈이 이루어지면서 반전이 일어나는 것처럼 느껴집니다. 각 변주의 길이는 원칙적으로 64마디이지만, 중간중간 절반인 32마디 구성이 나타나기도 하고, 16번 변주는 64마디의 1.5배인 96마디로 구성되어 있습니다.

3교시

○

—— 사회시간 ——

창의 융합적 사고를 위한

사회 × 음악 빙고!

카스트라토	보이 소프라노	인권	세계인권선언
십자군전쟁	부르주아	신사 계급	마르크스
프롤레타리아	자본주의	콘체르토 그로소	스위트 (suite)
모음곡	미뉴에트	자유	평등

얼마나 알고 있는지 체크해 볼까요?

Q 사랑은 어떻게
음악이 되나요?

스승의 아내를 사랑한 브람스 이야기

들으면서 읽어요

요하네스 브람스, 〈바이올린 소나타 1번 3악장〉

3악장은 '비의 노래'라는 별칭으로도 불립니다. 사랑하는 사람을 위로하고자 만든
이 곡이 여러분에게는 어떻게 들리나요?

우리는 자주 사랑에 대해 말하죠. 하지만 사랑이 무엇이라고 한 두 줄의 문장으로 정의 내리기는 어려워요. 국어사전에서는 사랑을 '몹시 아끼고 귀중히 여기는 마음 또는 그런 대상'이라고 정의합니다. 여러분은 사랑을 어떻게 정의하나요?

사랑을 구체적으로 파고들면 사람마다 생각하는 의미가 다를 수 있어요. 예를 들어 부모가 자식을 소중히 여기는 마음도 사랑이고, 누군가에게는 좋아하는 나무를 매일 들여다보는 것도 사랑일 수 있어요. 맑은 하늘, 맛있는 음식, 절친한 친구, 좋아하는 악기가 사랑일 수도 있고요. 이처럼 사랑은 여러 모습을 띠고, 한 가지 모습으로만 고정할 수 없으며, 시간이 흐르면서 변하기도 합니다. 또한 사랑은 행복감을 주지만 때로는 슬픔을 안겨 주기도 해요.

사고력 UP

사랑을 한 문장으로 정의한다면 여러분은 어떻게 표현하고 싶나요?

브람스의 사랑이 음악이 되기까지

몇몇 예술가의 사랑 이야기는 오늘날까지 많은 사람 사이에서 회자됩니다. 그중 음악가 요하네스 브람스의 사랑 이야기를 소개해 보겠습니다.

브람스는 스승인 로베르트 슈만의 부인 클라라 슈만을 사랑했어요. 피아니스트이기도 했던 클라라는 브람스보다 열네 살이 많았지만, 브람스는 크게 개의치 않았어요. 브람스의 어머니도 열일곱 살 많은 아버지와 결혼했거든요. 스승의 부인을 사랑하는 것은 도덕적으로 해서는 안 될 일이었지만, 그는 사랑에는 절대적인 의미도 고정된 형태도 없다고 보았습니다.

여담이지만, 슈만과 클라라는 원래 제자와 스승의 딸 사이였어요. 슈만은 스승인 프리드리히 비크의 딸 클라라를 사랑한 것이지요. 그러나 슈만의 바람과는 달리 비크는 슈만을 사위로 받아들이고 싶지 않았어요. 슈만이 제자로서는 만족스럽지만, 하나뿐인 딸의 남편감으로는 마땅치 않다고 봤기 때문이죠. 하지만 고집이 매우 셌던 슈만은 비크와 법원에서 소송까지 해가면서 결국 클라라와 결혼합니다. 그렇게 두 사람은 슈만이 정신질환으로 세상을 떠날 때까지 16년 동안 결혼 생활을 합니다.

다시 본론으로 돌아와서, 1854년 브람스는 스물한 살에 슈만을 처음 만납니다. 브람스는 슈만 앞에서 슈만의 〈피아노 소나타 1번〉을 연주하고 인정받아요. 그때부터 슈만의 집에 머물면서 클라라를 몰래 사랑하기 시작하죠. 심각한 정신질환을 앓고 있던 슈만은 어느 날 라인강에 투신자살을 시도합니다. 다행히 목숨은 건졌지만 슈만은 자기 상태를 걱정해서 스스로 정신병원에 입원합니다. 아픈 남편을 돌보며 아이들을 키우던 클라라에 연민을 느낀 브람스는 클라라를 음악 스승이자 한 여인으로서 깊이 사랑하게 됩니다.

브람스는 새 곡을 만들면 항상 클라라에게 보내 의견을 물었어요. 그중 〈바이올린 소나타 1번〉은 클라라의 막내아들 펠릭스가 이른 나이에 세상을 떠나자 클라라를 위로하고자 브람스가 선물한 곡입니다. 이 곡을 받은 클라라는 브람스에게 편지로 자신의 마음을 전해요. 1879년 클라라가 브람스에게 보낸 편지의 일부를 읽어 볼까요?

"당신의 소나타를 오늘 받았어요. 악보를 받자마자 피아노를 연주할 수밖에 없을 정도로 강한 끌림을 느꼈어요. 연주하는 내내 기쁨의 눈물이 터졌어요. 당신이 작곡한 가곡 〈비의 노래〉가 실린 3악장에서는 마치 새로운 세상으로 여행을 하는 기분이었답니다."

사랑을 담아 〈바이올린 소나타 1번〉

브람스는 1877년부터 1879년까지 여름이면 오스트리아 남부 알프스산 인근의 호수 마을 페르차흐를 찾았고, 그곳에서 〈바이올린 소나타 1번〉을 작곡합니다. 고요한 호숫가에서 차분하게 지내다 보면 악상이 더 잘 떠올랐을 거예요. 바흐와 베토벤은 물론, 많은 작곡가가 산책과 사색을 즐겨 했답니다.

브람스의 〈바이올린 소나타 1번〉 중 3악장 〈비의 노래〉는 인기리에 방영한 드라마 〈브람스를 좋아하세요?〉에도 등장합니다. 제목 때문인지 드라마에서도 비 오는 장면에 자주 흘러나왔죠. 〈바이올린 소나타 1번〉은 '빠르게 그러나 급하지 않게'라는 빠르기말이 붙은 1악장과 어린 시절을 회상하는 듯한 2악장, 그리고 가곡 〈비의 노래〉 선율이 붙은 빠른 3악장으로 구성되어 있습니다. 가곡이 원곡이니 가사를 한번 살펴볼까요? 가사는 브람스의 친구이자 시인인 클라우스 그로트가 쓴 시 〈비의 노래〉가 원작입니다.

쏟아져라, 비야, 쏟아져라, 우리가 문 앞에서 불렀던
옛 노래를 깨워다오.
빗방울이 밖에서 소리치는 시간에! (중략)

나 다시금 듣고 싶어라, 달콤하고 촉촉한 소리를

내 영혼 부드럽게 젖어 들어라, 어린이의 순수한 경외감에.

시를 읽으니 음악이 더욱 구체적으로 느껴지지 않나요? 〈비의 노래〉를 감상할 때는 피아노 연주에 주목해 들어 보세요. 빗방울이 주르륵 흐르는 모습이 연상되는 부분이 있거든요. 우울한 느낌의 바이올린 연주에서 피아노가 슬픔의 눈물을 흘리는 듯합니다. 체념한 것 같으면서도 새로운 희망을 전해 주고 싶어 하는 복합적인 감정이 숨어 있어요.

브람스는 〈비의 노래〉를 이렇게 설명했습니다. "이 곡은 온화하고 가벼운, 비 오는 저녁의 약간 달콤하고 씁쓸한 분위기가 날 겁니다." 사랑도 항상 달콤하지 않고 때로는 씁쓸하죠. 이 음악을 들으며 브람스가 전하는 사랑의 감정을 느껴 보아요.

가수가 되려고
거세를 했다고요?

'카스트라토'로 보는 인권

들으면서 읽어요

게오르크 프리드리히 헨델, 〈울게 하소서〉

오페라 《리날도》에 등장하는 유명한 곡이죠. 이 오페라는 몰라도 〈울게 하소서〉는
들어봤을 거예요. 듣고 있으면 눈물이 나올 만큼 슬픈 선율이 감동적이에요.

영화 〈파리넬리〉에는 성별을 구분하기 어려울 만큼 여성의 음역을 내는 남자 가수가 등장합니다. 목소리뿐만 아니라 분칠한 얼굴도 여자처럼 보이는데요, 바로 영화의 주인공이자 카스트라토인 파르넬리입니다. 카스트라토castrato는 거세castration에서 유래한 말로, '거세한 남자 가수'를 뜻합니다. 거세는 남성의 생식기를 일부러 제거해 생식 기능을 잃게 하는 것을 말하죠.

카스트라토는 어쩌다 생겨났을까?

카스트라토의 기원에는 몇 가지 설이 있어요. 그중 대표적인 설은 중세 유럽에서 성경을 잘못 해석했다는 것입니다. 신약 성경의 고린도전서 14장 34절에는 "여성은 교회에서 잠잠하라"라는 구절이 나옵니다. 이것이 여성이 교회에서 목소리를 내면 안 된다고 해석되었고, 1688년 교황 클레멘스 9세는 '여성은 가수로 일할 목적으로 음악 공부를 할 수 없다'는 금지령을 발표합니다.

이후 유럽 가톨릭교회에서 여성이 교회나 수도원에서 성가를 부르는 것이 금지되었습니다. 하지만 성가에서 음역이 높은 부분을 남자가 부르기는 무척 힘들었어요. 남자는 대체로 여자보다 목소리가 낮으니까요. 그래서 높은 음역대는 성인 남성이 아닌 미성을 낼 수 있는 소년이 불렀습니다. 이 외에도 여성 목소리를 가진 남성 목소리를 신이 가장 원한다는 이유로 카스트라토가 생겨났다는 설도 있습니다.

카스트라토는 13세 이전에는 높고 부드러운 목소리로 노래를 부르는 보이 소프라노^{boy soprano}로 활동합니다. 그리고 변성기가 일어나는 2차 성징 전에 거세를 하고 비로소 카스트라토로 활동하게 됩니다.

최초의 카스트라토는 14~15세기 스페인에서 나타났습니다. 1565년경에는 교황이 있는 이탈리아 바티칸의 시스티나 성당에서 카스트라토가 노래를 불렀어요. 처음에는 성당에서만 활동하다가 이후 무대로 활동 영역을 넓혔습니다. 〈놀람 교향곡〉을 작곡한 프란츠 요제프 하이든도 오스트리아 빈의 성 슈테판 성당에서 합창단원으로 활동할 때 목소리가 무척 아름다운 나머지 카스트라토가 될 뻔했다고 합니다. 하지만 그의 아버지가 강력히 반대해서 카스트라토가 되지 않았다고 해요.

카스트라토의 전성기는 헨델이 활동한 18세기입니다. 이탈리아에서만 해마다 6,000여 명의 소년이 카스트라토가 되었고, 유명한 카스트라토인 파리넬리도 이 시기에 활동했지요. 영화 〈파리넬리〉에서 파리넬리는 크게 성공하면서 돈도 많이 벌고 인기도 얻지만, 실제로 많은 카스트라토는 실패를 겪고 자살로 생을 마감했습니다.

시간이 흘러 프랑스의 황제 나폴레옹 1세가 이탈리아를 점령한 이후로 카스트라토가 금지되지만, 일부에서는 여전히 존재했습니다. 그래서 로마 카톨릭교회는 1903년에 다시 한번 카스트라토를 공식적으로 금지합니다. 그런데도 몇몇 곳에서는 카스트라토가 존재하다가 20세기에 들어서서 완전히 사라집니다. 최후의 카스트라토는 1858년에 태어나 1922년에 생을 마감한 알레산드로 모레스키예요. 사실상 카스트라토가 사라진 시기에 활동한 그는 '로마의 천사'로 불릴 정도로 유명했다고 합니다.

카스트라토와 인권 문제

참고로 서양뿐만 아니라 동양에서도 여장한 남자 가수를 공연에 올리고는 했습니다. 대표적으로 중국의 경극과 일본의 가부키가 있죠. 오래전에는 동서양을 막론하고 여성이 무대에서 공연하는 것이 매우 어려웠습니다. 20세기에 들어서 가까스로 여자가 무대에 오를 수 있었어요. 일본에서는 그때까지도 가부키 공연에 남자만 등장했습니다.

영화 〈파리넬리〉 이야기로 돌아가 볼게요. 이 영화에서는 그 당시 카스트라토의 인권 침해를 짐작할 수 있습니다. 주인공 파리넬리는 천상의 목소리를 지녔지만 거세한 남자라는 콤플렉스로 사랑하는 여자 앞에 자신 있게 나서지 못합니다. 자신이 남자로서 생식 능력을 잃었다는 것을 한탄하기도 하지요. 카스트라토가 되었기에 인권이 침해된 겁니다.

인권이란 인간이 태어나면서부터 당연히 가지는 '인간답게 살 권리'를 말합니다. 인권은 어떤 이유로도 침해당해서는 안 됩니다. 우리나라 속담에 "사람 위에 사람 없고, 사람 밑에 사람 없다"라는 말이 있습니다. 이를 인권에 빗대면 나의 인권뿐만 아니라 다른 사람의 인권도 중요하다는 뜻으로 볼 수 있겠죠. 어떤 사람이든 조건과 관계없이 사람이라면 사회에서 안정감을 느끼며 행복하게 살 권리가 있어요. 재산, 피부색, 국적, 장애, 성별, 나이

문제해결 능력 UP

꿈을 이루기 위해 포기해야 하는 것이 있다면 어떨까요, 그것이 우리의 인권을 침해하는 문제라면 어떤 선택을 해야 할까요?

등과 상관없이 말이에요.

많은 나라가 차별은 물론 사생활 침해와 사이버 폭력, 학교 폭력 등 인권을 침해하는 행동을 금지하고 있습니다. 그러나 인권 보호가 어느 시대에나 당연하지는 않았어요. 오랜 세월에 걸쳐 대중의 인식이 변하면서 가능했죠.

1789년 프랑스에 일어난 시민혁명인 프랑스혁명의 결과물로, 국민의회는 세계 최초의 인권선언을 발표합니다. 프랑스 인권선언에는 자유와 평등의 이념이 자세히 담겨 있습니다. 제1조는 "인간은 태어나면서부터 자유와 평등의 권리를 가진다"입니다. 이러한 내용을 더욱 구체적으로 확대해 1948년 12월 10일 파리에서 열린 제3회 국제 연합[UN] 총회에서 세계인권선언이 채택됩니다. 세계인권선언은 시민적·정치적 권리를 중심으로 노동자의 단결권, 교육을 누릴 권리, 예술을 향유할 권리 등 경제적·사회적·문화적 권리를 규정하고 있어요. 세계인권선언의 주요 사항을 살펴볼까요?

제1조　　모든 사람은 태어날 때부터 자유롭고, 존엄하며,
　　　　　평등하다. 모든 사람은 이성과 양심이 있으므로 서로에게
　　　　　형제애의 정신으로 대해야 한다.

제2조　　모든 사람은 인종, 피부색, 성, 언어, 종교 등 어떤

이유로도 차별받지 않으며, 이 선언에 나와 있는 모든

권리와 자유를 누릴 자격이 있다.

제30조 이 선언에서 말한 어떤 권리와 자유도 다른 사람의 권리와

자유를 짓밟기 위해 사용될 수 없다. 어느 누구에게도

남의 권리를 파괴할 목적으로 자기 권리를 사용할 권리는

없다.

카스트라토 덕을 본 헨델의 오페라

독일에 살던 헨델은 1711년 영국 런던에서 활동하며 이탈리아어 오페라 《리날도》를 첫 작품으로 무대에 올립니다. 이탈리아어를 모르는 영국 관객을 위해 공연 전에 가사집을 직접 발행할 만큼 헨델은 관객에게 무엇이 필요한지 잘 아는 작곡가였죠. 영화 〈파리넬리〉에도 카스트라토 파리넬리가 오페라 《리날도》를 공연하는 장면이 나옵니다. 이처럼 카스트라토 덕분에 《리날도》는 크게 유명해졌다고 합니다.

오페라 《리날도》는 총 3막으로 구성되며, 1095년에서 1291년까지 일어난 기독교와 이슬람 간의 종교 전쟁인 십자군전쟁을 배경으로 합니다. 십자군전쟁에서 영웅 리날도가 예루살렘을 해방

하고 연인인 알미레나와 결혼한다는 이야기예요.

《리날도》 중 〈울게 하소서〉는 여자 주인공 알미레나가 2막 4장에서 노래하는 소프라노 아리아입니다. 이 장면에서 알미레나는 마녀의 정원에 갇혀 있습니다. 알미레나는 자신의 관심을 끌려고 애쓰는 사라센의 왕 아르간테에게 〈울게 하소서〉를 부르며 자신을 그저 울게 내버려 두라고 한탄합니다. 연인인 리날도가 아닌, 사랑하지 않는 아르간테만 찾아오니 슬플 만도 하죠.

당시 많은 오페라가 주인공의 이름으로 제목을 지었고, 끝내 이루어지지 못하는 연인의 비극적인 사랑을 그렸습니다. 하지만 《리날도》는 달랐어요. 리날도와 알미레나가 사랑을 이루는 행복한 결말로 끝납니다.

Q 부르주아는 왜
클래식을 향유했나요?

부르주아의 탄생과 바흐의 모음곡

들으면서 읽어요

요한 제바스티안 바흐, 〈무반주 첼로 모음곡 1번 전주곡〉

첫 마디부터 우리에게 매우 익숙한 곡이지요. 첼로의 음색이 매력적인 이 곡을 듣고
있노라면 마음이 절로 편안해집니다.

부르주아! 왠지 멋있게 들리는 이 말은 무슨 뜻일까요? 돈이 많은 부자를 가리키는 말일까요? 아니면 돈을 펑펑 쓰는 사람을 말할까요? 정답부터 말하면 부르주아가 곧 부자를 의미하는 건 아닙니다. 원래 부르주아는 11세기에 생겨난 말로, 성 안에 사는 사람을 의미했습니다. '성城'을 뜻하는 독일어 부르크^{burg}를 사용해 '성 안에 있는 사람'이라는 뜻의 프랑스어인 부르주아^{bourgeois}가 만들어졌습니다. 하지만 이후 그 뜻이 달라졌죠. 성 안에 있는 사람에서 '자본가'로, 어떻게 단어의 의미가 바뀌게 되었을까요?

부르주아와 프롤레타리아

부르주아는 중세 유럽에서 상공업에 종사해 많은 돈을 벌거나, 왕실 또는 귀족에게 고용되어 법, 의학, 예술 분야에서 일하는 계급을 일컫습니다. 부르주아는 17~18세기 시민혁명의 중심 세력으로 부상했어요. 하지만 시민혁명으로 신분제가 폐지된 이후 이름난 가문의 전통 상류층을 중심으로 신사라는 계급이 생겨납니다. 신사들은 돈을 잘 버는 상공업자나 변호사 같은 신흥 상류층을 자신들과 다르다는 의미로 '부르주아'라고 부르며 비꼬았죠.

부르주아는 단순한 부자가 아니라, 생산수단이 있는 사람입니다. 쉽게 말해 공장을 소유하고 그 안에서 기계를 돌릴 노동자를 고용해서 이익을 챙기는 사람이에요. 부르주아는 마르크스가 등장한 이후 유산자有産者라는 의미로 쓰이게 되었습니다.

독일의 철학자이자 정치학자인 카를 마르크스는 1840년대에 부르주아의 상대어로 프롤레타리아라는 개념을 처음 사용했습니다. 프롤레타리아는 마르크스가 1867년에 발표한 《자본론》에 자세히 설명되어 있습니다.

마르크스는 생산수단의 소유 여부를 기준으로 자본주의 사회 계급을 부르주아지와 프롤레타리아트로 구분했어요. 부르주아지는 부르주아 계급을, 프롤레타리아트는 프롤레타리아 계급을 의미합니다. 부르주아지는 생산수단과 자본을 소유한 상태에서 노동력을 투입해 상품을 만들어 팔고 부를 쌓는 자본가 계급입니다. 반면 프롤레타리아트는 자신과 가족의 생존을 위해 자본가에게 고용되어 노동력을 제공하고 그 대가로 임금을 받아 살아가는 노동자 계급입니다. 회사 사장은 부르주아, 회사 직원은 프롤레타리아라고 할 수 있어요. 즉 프롤레타리아는 무산자無産者

입니다. 생산수단이 없다는 것이죠.

부르주아는 노동자인 프롤레타리아보다는 높고 귀족보다는 낮은, 제3 계급에 속합니다. 그들은 전통 상류층인 귀족을 흠모했어요. 전통 상류층의 교양이나 품격을 흉내 내고자 문화와 예술을 이용했죠. 전통 상류층이 아니더라도 돈을 내면 즐길 수 있는 것들을 찾아냈습니다. 고급 레스토랑이나 고급 공연장을 방문해 자신도 귀족과 같다는 것을 보여 주려고 했어요. 그래서 그 당시 유럽에서는 레스토랑이나 공연장의 수가 많이 늘어났다고 합니다.

앞서 소개한 작곡가 하이든을 기억하나요? 워낙 유명한 작곡가였던 터라 하이든의 이름을 딴 악보를 팔면 이익이 많이 남았다고 합니다. 인간에게는 유명한 사람의 이름에 기대 힘을 얻고 싶은 마음이 있거든요. 누군가가 대단한 사람과 친하다고 하면 왠지 그 사람도 대단해 보이는 것처럼 말이죠.

부르주아도 마찬가지였어요. 시민혁명이 일어나고 신분제가 붕괴하면서 새로 나타난 계급인 만큼, 부르주아는 자신의 문화

탐구력 UP

시민혁명을 통해 권력을 획득한 부르주아는
정치와 경제에서 어떤 영향력을 행사했을까요?

수준을 증명해 줄만한 작곡가가 필요했습니다. 그래서 부르주아는 존경하는 인물을 한 명 골랐는데, 그가 바로 독실한 기독교 신자인 바흐였습니다. 바흐의 명성에 기대어 품격 높은 사람으로 인정받고 싶었던 거예요. 실제로 바흐 역시 궁정에서 일했기에 부르주아 계급에 속한다고 볼 수 있습니다.

부르주아 바흐의 모음곡 이야기

바흐는 부르주아였지만 돈을 그리 잘 벌지 못했습니다. 그는 평생 성실히 작곡 활동을 하면서 1,080개가 넘는 곡을 작곡했다고 전해져요. 작품 번호를 붙이지 않은 습작이나 잃어버린 작품까지 합하면 그 수는 훨씬 많을 겁니다. 바흐는 콘체르토 그로소^{concerto grosso}라고 불리는 합주 협주곡을 많이 작곡했고, 스위트^{suite}라고 불리는 모음곡도 악기별로 다양하게 작곡했어요. 듣고 있으면 마음이 편안해지는 곡들이 많아서 라디오나 광고에서 자주 쓰이지요. 현대 음악가가 편곡한 바흐의 모음곡이 등장하기도 합니다.

호텔의 스위트룸이라는 말을 들어 봤나요? 보통 욕실이 딸린 방 하나와 거실로 이루어진 객실을 스위트룸이라고 합니다. 여기서 스위트는 '연결되어 있다', '모아져 있다'는 뜻입니다. 실제로 스위트룸이라는 말은 바흐의 활동 시기와 비슷한 18세기 초부터 쓰였다고 합니다. 바흐의 스위트에는 독주 악기를 위한 곡과 관현악을 위한 모음곡이 따로 있어요. 《무반주 첼로 모음곡》도 그중 하나입니다.

바흐는 《무반주 첼로 모음곡》을 쾨텐의 궁정 악장으로 일하던 1717~1723년경에 작곡했습니다. 바흐의 일대기는 그가 근무했던 곳들을 기준으로 바이마르, 쾨텐, 라이프치히 시절로 구분할 수 있습니다. 《무반주 첼로 모음곡》은 그의 중기 시절 작품으로 볼 수 있어요. 1720년에는 바흐의 첫 부인 마리아 바르바라가 세상을 떠납니다. 이듬해 바흐는 안나 막달레나와 두 번째 결혼을 하며 인생의 변환점을 맞죠. 그러면서 바이마르보다 상대적으로 종교 행사가 적은 쾨텐에서 자유롭게 작곡 활동을 펼칩니다. 쾨텐에 머무르면서 바로크 음악의 대표 장르인 모음곡 작곡에 전념한 결과, 《무반주 첼로 모음곡》, 《무반주 바이올린 소나타와 파르티타》, 《브란덴부르크 협주곡》 등 걸작이 나왔어요.

여기서 잠깐 클래식 곡 제목 읽는 방법을 알아볼게요. 예를 들어 바흐의 〈무반주 첼로 모음곡 1번 전주곡〉은 제목에서 이미 주요 정보를 알 수 있습니다. 먼저 '무반주無伴奏'란 말 그대로 반주가 없다는 의미예요. 보통은 첼로곡이라고 해도 피아노나 기타 같은 악기로 반주를 하는데, 이 곡은 반주 없이 오롯이 첼로만 등장합니다. 그다음 '모음곡'은 앞서 말했듯이 여러 작은 곡이 모여 있다는 뜻이죠. '1번'은 6곡으로 이루어진 《무반주 첼로 모음곡》 중 첫 번째 곡을 말해요. 마지막으로 '전주곡'은 모음곡의 전주, 즉 도입부를 의미합니다. 처음에는 곡 제목이 복잡해 보여도 읽는 연습을 하다 보면 금세 익숙해질 거예요.

그럼 모음곡을 더 자세히 알아볼까요? 모음곡은 기본적으로 네 가지 춤곡으로 구성됩니다. 독일 춤곡 알망드, 프랑스 춤곡 쿠랑트, 스페인의 느린 춤곡 사라방드, 영국의 빠른 춤곡 지그예요. 김밥을 쌀 때도 기본 재료에 좋아하는 재료를 더하듯이 모음곡도 이 네 가지 춤곡은 꼭 들어갑니다. 여기에 전주곡, 미뉴에트, 가보트, 부레 등의 곡이 선택적으로 들어가지요. 〈무반주 첼로 모음곡 1번〉은 전주곡, 알망드, 쿠랑트, 사라방드, 미뉴에트, 지그 등으로 구성되어 있습니다.

《무반주 첼로 모음곡》은 첼리스트에게는 교과서 같은 작품입니다. 그중 1번 곡은 듣기 편한 사장조로 시작해 반주 없이 첼로의 음색이 은은하게 울려서 한국인이 사랑하는 첼로곡 중 하나죠. 스페인의 위대한 첼리스트인 파블로 카살스가 1889년 그의 나이 열세 살 때 바르셀로나의 고㎟악보 서점에서 이 곡의 악보를 발견했습니다. 이후 12년간 홀로 연습하고 공부한 끝에 세상에 그 진가를 널리 알렸어요. 카살스는 자신이 공부한 바흐의 모음곡을 이렇게 소개합니다.

> "어느 날 우연히 한 가게에서 바흐의《무반주 첼로 모음곡》을
> 발견했죠. 형언할 수 없는 미지의 음악적인 신비함이 여섯 곡의
> 악보에 담겨 있었어요. 저는 그 이전에 누구에게서도 이 작품에
> 관한 이야기를 들어 본 적이 없었고, 제 선생님도 이 작품의 존재를
> 몰랐어요. 정말 놀라운 발견이었고, 이 작품을 발견해 낸 일은
> 제 인생에서 가장 큰 의미입니다."

《무반주 첼로 모음곡》은 카살스가 발견하기 이전에 인쇄를 거쳐 연주되기는 했지만, 카살스의 명성 덕에 더욱 알려지게 되었어요. 극적인 뒷이야기가 있어서 그런지 사람들은 이 작품에 더욱 호기심을 가졌고 매력을 느꼈습니다.

교도소에도
음악이 필요할까요?

기쁨, 희망, 자유를 주는 클래식의 힘

들으면서 읽어요

로베르트 슈만, 〈피아노 협주곡 가단조 1악장〉

슈만의 유일한 피아노 협주곡으로, 아내인 클라라를 위해 작곡한 곡이라고 해요.
작곡 배경을 알고 나니 어떤 곡인지 더 궁금해지지 않나요?

드라마 〈슬기로운 감빵생활〉에는 수감자와 교도관 들의 심정을 보여 주는 장면에서 다양한 음악이 흐릅니다. 예를 들어 교도관 팽 부장과 나 과장의 대화에서 갈등이 최고조에 이르면 주세페 타르티니의 〈바이올린 소나타 사단조 '악마의 트릴'〉이 흘러나옵니다. 악마처럼 심성이 나쁜 나 과장을 표현하기에 적합한 음악이었죠.

교도소의 수감자는 죄를 지어 처벌받는 것이지만, 그와 별개로 자유를 박탈당하고 자신과 맞지 않는 사람들과 한정된 공간에서 생활하는 건 힘들 거예요. 그런 수감자를 매일 감시하는 교도관도 마음이 무거울 때가 많겠죠. 교도소에서도 음악은 큰 위안이며, 기쁨과 희망을 선사합니다. 수감자인 고 박사는 노래자랑을 위해 팝송 〈마이웨이〉를 연습하며 희망을 품고, 교도관 팽 부장도 이 노래를 즐겨 들으며 마음을 달랩니다.

여기서는 여러 영화를 통해 교도소처럼 삶의 기쁨을 발견하기 어려운 곳에서도 클래식이 필요하다는 것을 보여 주고자 합니다.

클래식을 듣는 데도 자격이 필요할까?

영화 〈쇼생크 탈출〉은 개봉한 지 20여 년 만에 재개봉했을 만큼 아주 유명한 작품이에요. 내용은 잘 몰라도 영화의 한 장면만큼은 익숙할 겁니다. 바로 주인공 앤디가 비가 억수같이 쏟아지는 날 하수구에서 탈출하는 장면입니다.

회계사 앤디는 누명을 쓰고 쇼생크 교도소에 갇힙니다. 종신형을 선고받았으니 그의 인생은 끝난 것이나 마찬가지였죠. 누명을 벗겨 줄 증거를 찾아내거나 탈옥하지 않으면 교도소에서 평생 지내야 했어요. 힘든 시간을 견디던 앤디는 교도소의 만능 해결사인 재소자 래드와 친구가 됩니다. 래드 덕에 앤디는 강력범들을 간신히 피해요. 그러다가 앤디는 전직 회계사의 능력을 살려서 교도관들의 불법 자금 관리를 도와주고 그 대가로 교도소 환경을 개선하는 데 도움을 받습니다. 도서관을 만들거나 재소자가 검정고시 같은 시험을 볼 수 있게 하는 식으로 말이죠.

어느 날 앤디는 회계장부를 기록하기 위해 교도관 방에 들어갔다가 모차르트의 오페라 《피가로의 결혼》 음반을 발견합니다. 앤디는 방문을 잠그고 교도소 방송으로 이 음악을 틀어 주죠. 교도관뿐만 아니라 교도소의 모든 사람이 음악을 들을 권리가 있다고 생각한 거예요. 참 멋진 생각이지 않나요? 사람들은 음악을 감상하며 행복해합니다. 이 장면에서 래드는 "말로 표현할 수 없이 아름다운 그 노래는 쇼생크의 모든 이에게 자유를 느끼게 해 줬다"라고 독백을 합니다.

앤디는 마음대로 음악을 튼 벌로 독방에 갇힙니다. 재소자들은 독방에서 풀려난 앤디를 위로하며 힘들지 않았냐고 물어요. 그러자 앤디는 음악이 있어서 힘들지 않았다고 대답해요. 오디오가 없는 독방에서 어떻게 음악을 들었냐는 재소자의 물음에 앤디는 머릿속에서 계속 음악을 들었다고 말합니다. 음악은 머리와 심장에 있는 것이라 아무도 뺏어갈 수 없다면서요.

재소자들은 그전까지 클래식을 비롯한 음악을 접해 본 경험이 없다며 자신의 이야기를 털어놓습니다. 앤디는 누구나 음악을 듣고 즐길 수 있다고 말합니다. 음악을 왜 들어야 하는지, 인생에서 음악이 어떤 의미인지, 음악을 들으면 무엇이 좋은지 등을 설명해요. 누구든 음악 앞에서 평등하다는 것을 강조하죠.

이 영화에서 가장 멋진 장면을 꼽으라면 래드가 독백하는 장면과 앤디가 독방에서 풀려난 후 식당에서 재소자들과 음악에

의사소통 능력 UP

죄를 지은 사람에게 취미를 통한 만족이나 소소한 행복을 누릴 권리가 있을까요?

관해 이야기하는 장면을 고를 거예요. 앤디는 클래식은 서민이든 죄수이든 남녀노소를 불문하고 모든 이를 위한 음악이라고 말합니다. 이처럼 클래식은 한정된 사람만이 들을 수 있는 특별한 음악이 아니에요. 누구나 자유롭게 즐길 수 있습니다.

마음을 비추는 빛, 음악

독일 영화 〈포미니츠〉는 60년 넘게 교도소에서 여성 재소자들에게 피아노를 가르치는 크뤼거 선생님과 음악에 재능이 있지만 가슴 아픈 사연으로 마음의 문을 닫은 소녀 제니의 이야기입니다. 성격도 생각도 전혀 맞지 않은 크뤼거 선생님과 제니가 음악을 통해 서로를 이해하고 공감하는 장면들은 감동을 불러일으킵니다.

영화를 보면 재소자의 장례식에서 모차르트의 〈피아노 소나타 11번 1악장〉을 연주하는 크뤼거 선생님을 보고 제니가 따라서 연주하는 장면이 나옵니다. 음악에 빠져 손가락을 움직이는 제니의 모습에서 뛰어난 음악적 재능을 직감한 트뤼거 선생님은 제니에게 관심을 보이죠. 처음에는 제니가 말썽을 부리는 바람에 여러 문제가 생기지만, 피아노 레슨을 하면서 두 사람은 서서히 가까워집니다. 또한 제니는 자유가 없는 교도소에서 피아노를 연주하는 시간만큼은 자유를 느끼죠. 비록 수갑을 찬 채로 연주해야 했지만, 음악을 통해 자신을 있는 그대로 느끼고 표현합니다.

영화에는 시간이 4분만 주어지는 상황이 여러 번 나옵니다. 제니는 피아노 경연대회에 출전하려고 하지만 교도소에서 말썽을 자주 피웠다는 이유로 허락받지 못합니다. 우여곡절 끝에 크뤼거 선생님은 제니를 피아노 경연대회에 나갈 수 있게 하죠. 교도소장에게 4분이라는 시간을 허락받아요. 제니는 그 4분 동안 자신을 폭행한 아버지와 사회에 품은 분노를 슈만의 〈피아노 협주곡 가단조〉를 자신만의 방식으로 연주함으로써 표현합니다.

영화 〈포미니츠〉는 죄를 지은 사람도, 마음에 그늘이 진 사람도 음악으로 희망과 사랑을 느낄 수 있다는 감동을 줍니다. 음악은 마음이 힘들 때 더욱 빛을 발한다는 것을 보여 주죠.

4교시

○

역사시간

창의 융합적 사고를 위한

역사 × 음악 빙고!

명예혁명	미국독립혁명	프랑스혁명	앙시앵 레짐
마리 앙투아네트	오페라 부파	세계 4대 문명	수에즈 운하
오페라	피의 일요일 사건	러시아혁명	레닌
스탈린	베르사유 조약	히틀러	나치

얼마나 알고 있는지 체크해 볼까요?

모차르트가 혁명가였다고요?

시민혁명과 서민을 위한 오페라

들으면서 읽어요

볼프강 아마데우스 모차르트, 〈사랑의 괴로움을 그대는 아는가〉

오페라 《피가로의 결혼》에 등장하는 곡이에요. 이 오페라는 지배층을 비판하는
내용을 담아 프랑스에서 선보이지 못할 뻔했는데, 마리 앙투아네트 덕분에 무대에
오르게 되었어요.

혁명이란 이전의 질서를 깨뜨리고 새로운 질서를 불러오는 급격한 사건을 의미합니다. 혁명을 뜻하는 영어 단어 레볼루션^{revolution}은 '회전하다', '노선을 바꾸다'라는 뜻의 라틴어 레볼루티오^{revolutio}에서 유래했어요. 혁명은 정치·경제·문화 등 사회 전반에 걸쳐 발생할 수 있는데, 여기서는 정치혁명을 다뤄 보려고 합니다. 정치혁명은 시민이 의견을 모아 기존 정치 체제를 바꾸는 것을 말해요. 우리가 잘 아는 정치혁명으로는 영국의 청교도혁명과 명예혁명, 미국의 미국독립혁명, 프랑스의 프랑스혁명 등이 있습니다.

시민혁명의 역사

혁명은 보통 아래에서 위로 향합니다. 개혁 의지가 있는 군중으로부터 시작되고는 하죠. 세계 최초의 정치혁명은 1642년부터 1651년까지 약 10년간 벌어진 영국의 청교도혁명이에요. 이후

1688년에 일어난 명예혁명으로 구교(가톨릭)의 편을 들어주던 왕 제임스 2세가 물러납니다. 피를 흘리지 않고 혁명을 성공했다고 해서 명예혁명이라는 이름이 붙었죠. 청교도혁명과 명예혁명은 영국의 대표적인 정치혁명이자 시민혁명이에요.

영국의 식민지였던 미국에서는 영국으로부터 독립하려는 움직임이 일어나는데요, 이를 미국독립혁명이라고 부릅니다. 1775년에 발발한 미국독립전쟁은 스페인, 네덜란드, 프랑스 등의 지원에 힘입어 1781년 요크타운에서 식민지 사람들이 대승리를 거두면서 끝났어요. 그리고 1783년 파리조약에서 미국의 독립이 인정되었죠.

한편 프랑스에서는 루이 14세의 횡포로 고통받던 시민들이 1789년 프랑스혁명을 일으킵니다. 프랑스혁명이 왜 일어났는지 자세히 살펴볼까요? 결론부터 말하면 신분제의 모순과 흉작, 그리고 국가 재정의 궁핍입니다. 18세기 프랑스는 여러모로 경제 상황이 심각했습니다. 거기에는 신분제의 폐단이 숨어 있었죠. 당시 프랑스의 신분은 크게 세 가지로 나뉘었어요. 제1 신분은 왕과 성직자, 제2 신분은 궁정 귀족과 지방의 영주, 제3 신분은 그 외의 사람들입니다.

제3 신분이 국민 대다수를 차지했지만, 그들은 평생 가난하게 살았어요. 제1 신분과 제2 신분은 세금을 내지 않았고, 제3 신분

프랑스 구체제의 모순을 풍자한 그림
제1 신분인 성직자와 제2 신분인 귀족을 등에 업은 제3 신분의 모습이에요.
당시 제3 신분의 삶이 어땠을지 상상이 가나요?

은 힘들게 일해서 번 돈으로 세금을 바쳐야 했죠. 또한 소작농이나 노예는 소유한 땅이 없어서 원하는 대로 땅을 경작할 수 없었습니다. 영주에게 받은 농지가 있다고 해도 세금을 엄청나게 내고 사용하다가 기한이 되면 돌려줘야 했어요. 또한 노동의 대가를 충분히 받지 못했을뿐더러 몇 년간 흉년이 이어졌습니다. 이러한 이유로 제3 신분의 고통은 이루 말할 수 없이 심각했어요. 게다가 정치에 참여할 수 있는 참정권도 없어서 입장을 주장하지도 못했죠. 신분제를 포함해 프랑스혁명에서 타도의 대상이 된 구체제를 앙시앵 레짐ancien régime이라고 합니다.

　당시 프랑스는 왕과 귀족이 흥청망청 돈을 쓰는 가운데, 미국 독립전쟁을 지원합니다. 국가 재정이 바닥나면서 많은 시민이 큰 어려움에 처하게 되지요. 결국 분노한 파리 시민들이 1789년 7월 14일 프랑스혁명을 일으킵니다. 억압의 대명사로 불리던 바스티유 교도소를 습격하는 등 1799년 7월까지 혁명이 이어지다가, 결국 루이 16세와 마리 앙투아네트가 단두대에서 처형되며 마무리됩니다. 이처럼 혁명은 오랫동안 쌓인 폐단으로 대중의 분노가 터지면서 일어난답니다.

마리 앙투아네트, 진실과 거짓

단두대에서 생을 마감한 루이 16세의 부인 마리 앙투아네트는 어떤 인물이었을까요? 앙투아네트는 원래 오스트리아의 공주였어요. 오스트리아에 살던 시절에 유명한 일화가 있습니다. 모차르트가 여섯 살 때 쉔브룬 궁전에 연주를 하러 갔다가 자신보다 한 살 많은 앙투아네트에게 반한 일인데요, 그때 모차르트는 첫눈에 반한 앙투아네트에게 나중에 자신과 결혼하자고 말했다고 합니다.

모차르트와의 귀여운 일화 이후, 시간이 흘러 마리 앙투아네트는 적국이었던 프랑스와의 동맹을 위해 루이 16세와 정략결혼을 하고 베르사유 궁전에 들어갑니다. 사랑해서 한 결혼이 아니었던 만큼 결혼 생활은 그다지 행복하지 않았어요. 남편 루이 16세는 매일 사냥하러 나갔고, 궁정의 귀족들은 그녀를 시기했으며, 성 밖의 백성들은 그녀가 사치와 허영의 주범이라며 미워했죠. 그녀가 먹을 빵이 없으면 케이크를 먹으라고 했다는 일화

사고력 UP

마리 앙투아네트를 죽음으로 몰고 간 거짓 소문처럼 오늘날도 수많은 가짜 뉴스가 버젓이 유포되며 사회 갈등을 낳습니다. 이 같은 현상은 왜 일어나는 것일까요?

가 유명한데요, 사실 근거 없는 소문에 가깝다고 합니다. 나라가 망해 가는 이유를 다른 나라에서 온 공주에게서 찾았던 거예요.

마리 앙투아네트에 관한 이야기가 어디까지 진실인지 모르지만, 실제로는 알려진 것만큼 사치를 부리거나 성품이 나쁘지는 않았다고 합니다. 오히려 여러 방면에서 재주가 뛰어나고 예술에 대한 안목도 높았다고 해요. 모차르트의 오페라 《피가로의 결혼》은 그녀가 루이 16세에게 간곡히 부탁해서 공연하게 되었다죠.

《피가로의 결혼》은 왜 금지되었을까?

모차르트는 바흐만큼이나 여러 분야에서 활약했습니다. 작품 번호가 붙은 모차르트의 곡은 총 626곡으로 대부분 스무 살 이후에 작곡되었어요. 모차르트는 교향곡의 발전에 힘썼지만, 그의 천재성은 오페라와 피아노 협주곡에서 정점을 찍었죠. 음악사에서 모차르트가 이룩한 가장 아름다운 업적은 단언컨대 클래식의 대중화입니다.

모차르트는 음악가이자 계몽주의의 영향을 받은 혁명가였어요. 그의 작품에는 인류애를 강조하고 자유, 박애, 평등을 외쳤던 세계적인 민간단체 프리메이슨^{Freemason}의 이념이 많이 드러납니다. 이처럼 클래식에는 그 시대의 정치적·사회적 영향이 반영되기도 합니다. 모차르트는 그전까지 귀족만 즐기던 오페라를 서민도 즐길 수 있도록 시도했어요. 영화 〈아마데우스〉에서 시민들이 오페라 《피가로의 결혼》을 보며 열광하는 장면에 이러한 속사정이 숨어 있던 거예요. 모차르트의 시도로 서민도 떳떳이 돈을 내고 음악을 듣는 시대가 된 것입니다.

오페라 《피가로의 결혼》은 프랑스의 극작가 피에르 보마르셰의 희곡 《피가로의 결혼》을 바탕으로 만들어졌습니다. 엄밀히 말하면 오페라 《피가로의 결혼》은 보마르셰의 희곡을 이탈리아 시인이자 극작가인 로렌초 다 폰테가 대본으로 바꾼 것에 1786년 모차르트가 음악을 붙인 오페라 부파(희가극)예요. 보마르셰의 희곡은 귀족을 조롱하고 비판하는 내용으로, 프랑스에서 곧바로 금지되었죠. 반면 오스트리아 빈에서 모차르트의 오페라는 성공적으로 무대에 오릅니다.

왜 프랑스에서는 금지되고 오스트리아에서는 통과되었을까요? 오페라 《피가로의 결혼》이 작곡된 18세기에는 프랑스 절대 왕정이 최고조였어요. 그래서 왕과 귀족의 부패를 적나라하게 묘사한 보마르셰의 희곡은 바로 금지된 것이죠. 물론 오스트리아에서도 반감이 있긴 했지만, 모차르트는 요제프 2세의 권고에 따라 지배층이 불편해할 만한 부분은 삭제하고 재미있고 우스꽝스러운 내용을 중심으로 각색합니다. 그럼으로써 오페라가 무대에 오를 수 있었어요. 여담으로 이 오페라에 등장하는 피가로는 조아키노 로시니의 오페라 《세비야의 이발사》에도 나옵니다.

오페라 《피가로의 결혼》의 줄거리는 이렇습니다. 여자라면 정신 못 차리는 알마비바 백작이 권력을 이용해 자신의 하인인 피가로와 결혼하려는 하녀 수잔나에게 초야권初夜權을 행사하겠다며 난리를 폅니다. 이 오페라는 언뜻 네 명의 주인공인 알마비바 백작, 하인 피가로, 백작 부인 로지나, 하녀 수잔나가 서로를 속고 속이는 사랑의 사기극처럼 보입니다. 하지만 알고 보면 귀족들의 행태를 꼬집으며 서민의 애환을 표현하고 있지요.

오페라 《피가로의 결혼》 중 가장 유명한 아리아는 '편지 아리아'라고 불리는 백작 부인 로지나와 하녀 수잔나의 이중창입니다. 두 여자가 협동해 백작을 골탕 먹이려고 편지를 쓰는 장면에서 이 노래가 흐릅니다.

한편 알마비바 백작의 집에 케루비노라는 십대 소년이 등장합니다. 그는 시종으로 그 집에 머무는데, 이때 시종은 하인이 아니에요. 집의 주인인 귀족보다 조금 낮은 계급의 귀족을 말합니다. 당시에는 신분이 낮은 귀족이 자기보다 신분이 높은 귀족의 집에 살면서 귀족의 품위를 배우는 관습이 있었습니다. 하지만 케루비노는 알마비바 백작을 가까이서 모시면서 오히려 나쁜 행동만 배우죠. 여자에 빠져 있는 늙은 알마비바 백작과 어린 케루비노의 모습은 타락한 귀족의 행태를 풍자합니다.

원래 케루비노는 남자가 해야 하는 배역이지만, 요즘은 여자 성악가가 바지를 입고 역할을 맡기도 합니다. 이처럼 남장한 여성 가수를 '바지 역할'이라고 불러요. 앞서 카스트라토가 여자의 역할을 대신한다고 했는데, 바지 역할은 그 반대인 셈입니다.

수에즈 운하를 위해 만든 오페라가 있다고요?

이집트 문명과 베르디의 오페라

들으면서 읽어요

주세페 베르디, 〈개선행진곡〉

오페라 《아이다》에서 가장 유명한 곡으로, 전쟁에서 승리한 주인공이 개선하는 장면에서 등장합니다. 설명만 들어도 얼마나 웅장하고 힘찬 곡일지 상상이 가지요?

문명文明은 '글 문'에 '밝을 명'으로 구성된 한자어로, '글로 사람을 밝게 한다'는 뜻입니다. 문명이 시작되면서 인류는 사회적·물질적·기술적·예술적으로 발전을 거듭했습니다. 인류 최초의 문명에는 기원전 3500년경에 발달한 메소포타미아 문명과 이집트 문명, 그리고 기원전 3000년경에 발달한 인더스 문명과 황허 문명이 있습니다.

앞서 말한 세계 4대 문명에는 몇 가지 특징이 있어요. 첫째, 모두 북위 20도 정도의 날씨가 따뜻한 지역이에요. 둘째, 모두 큰 강을 중심으로 발전했습니다. 메소포타미아 문명은 티그리스강과 유프라테스강, 이집트 문명은 나일강, 인더스 문명은 인더스강, 마지막으로 황허 문명은 황허강을 중심으로 나타났죠.

그 이유는 무엇일까요? 큰 강이 범람하고 지나가면 그 땅은 비옥해집니다. 땅속 영양분이 적절히 섞이기 때문이에요. 땅이 기름지면 농사를 쉽게 지을 수 있어서 많은 사람이 강 주변으로 모여듭니다. 그 속에서 지도자가 생겨나고, 강 중심으로 문명이 발달하게 된 것이에요.

유럽의 침략과 이집트 문명

많은 사람이 이집트라고 하면 피라미드와 스핑크스를 떠올립니다. 두 건축물은 고대 이집트 문명의 상징이라고 할 수 있죠. 아프리카 북동부에 자리한 이집트를 중심으로 발달한 이집트 문명은 서양 문명에 큰 영향을 끼친 것으로도 유명합니다. 나일강의 범람으로 비옥한 영토를 갖게 된 이집트는 점차 사람들이 모여들며 살기 좋은 왕국으로 발전하고, 메소포타미아 문명과 합쳐 오리엔트 문명을 형성했어요. 오리엔트^{Orient}란 로마의 오른쪽, 즉 '동방의 해가 뜨는 나라'를 뜻하지요.

이집트 문명은 그리스 문명에 영향을 끼쳤는데, 이를 헬레니즘이라고 합니다. 기원전 334년 고대 마케도니아 왕국 알렉산드로스 대왕이 인도까지 동방 원정에 나서고, 이후 기원전 30년 이집트가 로마 제국에 병합될 때까지 그리스 문명과 오리엔트 문명은 서로 영향을 주고받습니다. 알렉산드로스 대왕이 이집트를 정복한 후 이집트 문화를 다시 부활시키고 그리스 문명이 이후

의사소통 능력 UP

장르를 불문하고 21세기 문명의 가장 위대한 음악가 또는 아티스트를 꼽는다면? 그 이유를 두 가지 이상 이야기해 보세요.

로마 제국으로 이어졌으니 서양 문명의 바탕에는 이집트 문명이 있는 셈이죠.

이토록 화려한 문명을 자랑하던 이집트는 한동안 사람들 사이에서 잊혀졌어요. 페르시아와 로마 등의 침략으로 점차 위세가 꺾였기 때문입니다. 하지만 18세기 후반부터 유럽이 식민지 건설에 힘쓰면서 오리엔트 문명의 흔적을 찾아냈고, 다시 이집트 문명은 관심을 받죠. 유럽에 이집트 문화를 다시 알린 주인공은 프랑스의 황제 나폴레옹 1세였습니다.

1799년 나폴레옹의 이집트 원정군은 나일강 어귀에서 이집트 문자 해독의 열쇠가 되는 로제타석을 발견합니다. 이로써 베일에 싸여 점차 잊혀지던 이집트 문명의 흔적을 찾게 된 것이죠. 로제타석에는 해석이 어려운 다양한 문자들이 쓰여 있었는데, 풀어 보니 기원전 196년에 이집트 서기들이 프톨레마이오스 5세를 찬양한 글이었다고 해요.

수에즈 운하를 위한 베르디의 역작

이집트에는 스핑크스와 피라미드 외에도 수에즈 운하가 유명합니다. 수에즈 운하는 수에즈 지협(두 개의 육지를 연결하는 좁고 잘록한

땅)에서 지중해 남부와 홍해 북서부를 연결하는 국제 운하예요. 이 운하는 정치적·경제적 입장에서 이집트뿐만 아니라 국제적으로도 매우 중요합니다.

그렇다면 수에즈 운하는 왜 만들었을까요? 이 운하가 생기기 전까지 유럽에서 아시아로 가려면 남부 아프리카를 거쳐 멀리 돌아가야 했어요. 수에즈 운하는 시간과 돈을 아낄 수 있는 방법이었죠. 지중해와 홍해를 연결하면 북대서양과 인도양을 직행할 수 있거든요. 1858년 프랑스의 건설업자가 수에즈 운하 건설을 위해 건설 회사를 설립합니다. 수에즈 운하에 이점이 많은 만큼 이집트의 통치자 무함마드 사이드 파샤는 프랑스 운하 건설 회사의 제의를 받아들여요. 그렇게 약 10년간 공사를 해서 1869년 11월에 수에즈 운하가 정식으로 개통합니다.

한편 사이드 파샤의 아들인 이스마일 파샤는 수에즈 운하 개통에 맞춰 이집트의 수도 카이로에 오페라 극장을 건설할 계획을 세웁니다. 전 세계의 이목이 집중된 만큼 개통 행사를 성대하게 치르고 싶었던 것이죠. 그래서 당대 최고의 오페라 작곡가 베르디에게 오페라 작곡을 부탁합니다. 처음에 베르디는 제안을 거절하지만, 이스마일 파샤의 간곡한 부탁과 오페라 《아이다》의 훌륭한 대본에 못 이겨 결국 제안을 받아들입니다.

하지만 카이로 오페라 하우스의 개관식에는 베르디의 다른 오

수에즈 운하

베르디는 수에즈 운하를 기념하는 오페라를 만들어 달라는 요청을 받았는데요,
과연 운하의 개통 시기에 맞춰 오페라가 공연되었을까요?

페라인《리골레토》가 공연되었어요. 오페라《아이다》는 1871년 1월 초연을 목표로 진행되고 있었죠. 1870년 12월 베르디는《아이다》를 거의 완성했지만, 당시 프랑스와 독일의 보불전쟁 때문에 무대의상을 이집트로 공수하지 못합니다. 아쉽게도《아이다》는 예정보다 미뤄진 1871년 12월에 카이로 오페라 하우스에서 공연되었습니다.

베르디, 이탈리아의 국민 영웅이 되다

1813년에 태어난 이탈리아의 오페라 작곡가 주세페 베르디의 인생은 그의 작품만큼이나 인상적입니다. 베르디의 아버지는 행상꾼을 상대로 조그마한 여인숙 겸 잡화상을 운영했어요. 그는 음악을 좋아했지만 전문 지식을 갖춘 사람은 아니었죠. 베르디가 어릴 때 가정에서 음악을 배울 여건은 되지 못했던 거예요. 그렇다고 여느 작곡가처럼 어릴 때부터 뛰어난 능력을 드러낸 신동이었다는 일화도 없어요. 그저 시골에서 음악을 좋아하고 잘한다는 소리를 들을 정도였죠. 하지만 출발이 늦었을 뿐 베르디는 대중의 마음을 간파하며 수많은 역작을 남겼습니다. 그야말로 대기만성 작곡가예요.

집안이 넉넉하지 못했던 베르디는 아버지의 친구이자 이탈리아 부세토 지방의 재력가인 안토니오 바레치의 도움으로 개인 교습을 받아 작곡 공부를 시작했어요. 바레치 덕에 음악가로서 입지를 다진 베르디는 1836년 바레치의 딸 마르게리타와 결혼합니다. 하지만 자식들이 차례로 세상을 떠나면서 큰 슬픔에 빠지죠. 시간이 흘러 친구들의 격려로 힘을 내서 작업을 재개했습니다. 초년에 작곡한 작품은 큰 인기를 끌지 못했지만 스물아홉 살에 작곡한 오페라 《나부코》가 성공을 거두며 탄탄대로를 달리기 시작했어요.

　《아이다》는 베르디가 주문을 받고 작곡한 마지막 오페라입니다. 그 후 베르디는 20여 년 정도 오페라 작곡을 멈춥니다. 베르디는 이 오페라에서 이집트라는 이국의 배경에 중점을 두고 감정 표현과 극적 효과를 위해 합창과 관현악의 규모를 키웠어요. 그렇게 완성한 오페라 《아이다》는 4막 7장으로 구성되며, 에티오피아 공주 아이다와 이집트 장군 라다메스의 이룰 수 없는 슬픈 사랑 이야기를 담습니다. 서로 전쟁을 하는 두 국가의 남녀가 사랑에 빠지고 조국을 구할지 고뇌하는 내용이에요.

　라다메스 장군이 전쟁에서 승리하고 테베로 돌아오는 장면에서 흐르는 음악이 오페라에서 가장 유명한 〈개선행진곡〉입니다. 웅장한 세트에서 합창단이 부르는 행진곡으로, 2막의 개선 행렬

부분에 연주됩니다.

퇴근해서 오페라 듣는 사람들

오늘날 오페라로 유명한 나라는 이탈리아를 비롯해 프랑스와 독일 등이 있습니다. 특히 이탈리아에서 오페라는 많은 사람이 즐기는 대중문화죠. 약 500년 전에 시작된 오페라^{opera}는 라틴어로 작품을 뜻하는 오퍼스^{opus}의 복수형에서 유래했어요. 음악, 무용, 문학, 연기, 무대의상 등 여러 요소가 복합되어 있으니 '작품들'이라 불렸던 듯싶습니다.

오페라는 기악이 아닌 성악 장르입니다. 한 편의 드라마를 오케스트라 연주와 가수의 멋진 목소리로 표현하지요. 독창자 혼자 부르는 솔로 아리아부터 남녀 주인공이 함께 부르는 이중창, 어우러져 함께 부르는 사중창과 오중창도 있고, 합창단도 있습니다. 또한 오페라는 대규모 자본 없이는 공연을 올리기가 어려워요. 적어도 40명 이상으로 구성된 오케스트라가 필요하고, 오페라의 내용에 따라 무대의 크기와 장치는 물론 의상도 달라지기 때문입니다.

많은 사람에게 오페라는 여전히 호화로운 음악 장르로 여겨

지지만, 이탈리아 사람들은 오페라의 아리아를 대중가요 부르듯 읊조립니다. 몇 년 전 인기리에 방영한 드라마 〈빈센조〉에서도 이탈리아 변호사인 주인공 빈센조가 집에 와서 항상 오페라를 듣는 장면이 나오죠. 빈센조는 오페라가 인생의 가장 큰 안식처라고 말합니다. 우리 입장에서는 오페라의 대사가 모두 외국어고 배경이나 주인공도 낯설지만, 한편으로 줄거리만 이해하면 이처럼 재미난 장르가 없어요. 그래서 때로는 기악보다 대중의 사랑을 더 많이 받기도 하죠.

독재자는 왜 예술가를 탄압할까요?

러시아혁명과 함께한 쇼스타코비치

들으면서 읽어요

드미트리 쇼스타코비치, 〈두 번째 왈츠〉

《다양한 오케스트라를 위한 모음곡》에 수록된 곡으로 재즈풍으로 작곡되었어요.
우리나라에는 영화에 수록되면서 널리 알려졌죠. 더블베이스의 웅장한 반주에 맞춰
첫 멜로디를 연주하는 색소폰 소리에 귀 기울여 보세요.

세계에서 가장 국토가 넓은 러시아는 20세기 전반까지 전쟁과 혁명을 여러 차례 겪었습니다. 1905년 러일전쟁에서 패한 러시아는 경제가 파탄에 이르렀어요. 노동자들은 식량이 없어 생사의 갈림길을 오가자 '빵과 평화와 토지'를 외쳤습니다. 1789년에 일어난 프랑스혁명과 계기가 비슷하죠. 그러나 러시아 황제는 생존권 보장을 요구하며 궁전으로 달려간 노동자들을 무자비하게 사살합니다. 1905년에 일어난 이 사건은 일요일에 일어난 학살이라고 해서 피의 일요일 사건으로 불립니다.

이후 1914년 제1차 세계대전이 발발하자 러시아는 전쟁에 뛰어들었고 노동자의 삶은 더욱 비참해지죠. 결국 노동자들은 1917년 2월과 10월 두 번에 걸쳐 혁명을 일으킵니다. 이 혁명을 러시아혁명이라고 부릅니다.

2월에 일어난 러시아혁명으로 로마노프 왕조가 무너지고 케렌스키의 임시 정부가 세워졌습니다. 하지만 10월에 다시 혁명이 일어나고 볼셰비키라는 급진파가 정권을 장악하면서 최초의 사회주의 국가인 소련이 생겨납니다. 볼셰비키를 이끈 사람은 그

유명한 블라디미르 레닌입니다. 레닌도 예술가를 많이 탄압했지만 뒤이어 등장한 독재자 이오시프 스탈린은 레닌보다 심하게 예술가들을 감시했어요. 수많은 예술가가 스탈린의 압제에 못 이겨 유럽이나 미국으로 망명할 정도였죠. 이러한 상황에 끝까지 고국에 남은 작곡가가 있었어요. 바로 쇼스타코비치입니다.

역사의 소용돌이에서 성장한 음악가

드미트리 쇼스타코비치는 1906년 태어나 1975년까지 살면서 두 번의 전쟁을 겪고, 공산주의 아래에서 철저히 탄압되었습니다. 앞서 말했듯이 소련, 즉 소비에트 사회주의 공화국 연방은 세계 최초의 공산주의 국가였어요. 공산주의 시절 쇼스타코비치를 비롯한 많은 예술가가 자신의 목소리를 내지 못하고 괴로워했습니다.

쇼스타코비치는 페테르부르크 음악원 졸업 작품으로 쓴 〈교

> **탐구력 UP**
>
> 과거부터 오늘날까지 정치권력이 예술가를 탄압한 사례를 찾아보세요.
> 왜 그런 일이 일어났을까요?

쇼스타코비치의 젊은 시절 모습
그의 눈빛에서 총명함이 느껴지지 않나요?
재능 있는 젊은이가 시대의 풍파로 자신의 꿈을 마음껏 펼칠 수 없었다는 사실이 안타까워요.

향곡 1번〉으로 주목을 받았습니다. 독특한 시선이 담긴 이 작품은 정부에서도 반응이 좋아서 〈교향곡 4번〉까지 당국의 검열을 피해 활동할 수 있었죠.

　그가 작곡한 오페라 《므첸스크의 맥베스 부인》은 1934년 소련에서 초연하며 큰 성공을 거두었고, 서양에도 알려지기 시작합니다. 오페라의 내용은 아주 파격적이에요. 맥베스 부인이 자신이 사랑하는 남자 하인과 음모를 꾸며서 시아버지를 독살하는 이야기입니다. 시아버지는 돈만 최고라고 생각하는 부농인데,

쇼스타코비치는 당시 부농 계층에 대한 증오를 주인공 맥베스 부인을 통해 과감하게 표현했어요. 작품에서 맥베스 부인은 당시 사회에 무력하게 무너지는 대신 용감하게 자신의 욕망을 드러냅니다.

사람들은 오페라 《므첸스크의 맥베스 부인》을 보며 쇼스타코비치의 의도를 알아채고 은근히 통쾌해했어요. 하지만 스탈린의 반응은 정반대였죠. 스탈린은 오페라를 보는 도중에 공연장에서 나가 버립니다. 스탈린에게 미운털이 박힌 쇼스타코비치의 인생은 그때부터 꼬이기 시작합니다. 〈프라우다〉라는 신문에서는 《므첸스크의 맥베스 부인》을 "음악이 아닌 혼돈"이라고 표현하며 매도합니다. 스탈린의 비위를 건드린 죄로 그의 오페라는 더는 공연하지 못하게 되었어요.

당시에는 까딱 잘못했다가는 사형당하거나 정치범 수용소로 보내질 수 있었어요. 예술가 입장에서는 목숨을 부지하려면 마음에 들지 않더라도 당국의 비위에 맞춘 작품을 만들어야 했습니다. 쇼스타코비치 또한 권력자의 심기에 거슬리지 않도록 조심하면서 작곡 활동을 펼쳤죠. 스탈린이 죽은 1953년 3월 5일이 "인생에서 가장 행복한 날"이라고 말했을 정도이니 그간 그의 마음고생이 얼마나 심했을지 느껴집니다.

시대의 검열 속에서 탄생한 음악

쇼스타코비치는 어린 시절부터 혁명 같은 사회 현상에 관심이 많았습니다. 그는 평생 공산주의와 파시즘, 스탈린의 탄압에 저항하면서도 자신의 음악 세계를 유지하려고 애썼어요. 외국으로 망명한 다른 작곡가와 달리 스탈린 체제의 소련에 머물면서 생계를 꾸려 나가고 작곡 활동을 꾸준히 하기 위해 재즈라는 장르를 선택했죠.

"나는 히틀러뿐만 아니라, 스탈린의 파시즘에도 구역질이 난다." 쇼스타코비치는 당시 정치 상황을 두고 자신의 마음을 이렇게 표현했습니다. 〈두 번째 왈츠〉는 그가 진심을 숨기고 작곡했던 많은 재즈곡 중 가장 유명해요.

〈두 번째 왈츠〉는 오랫동안《재즈 오케스트라를 위한 모음곡》중 〈왈츠〉로 알려졌지만, 정확한 제목은《다양한 오케스트라를 위한 모음곡》중 〈두 번째 왈츠〉입니다. 이 모음곡은 8곡으로 이루어져 있는데, 그중에서도 색소폰이 주선율을 연주하는 〈두 번째 왈츠〉의 세 박자 선율은 여러 영화에 삽입되면서 인기를 얻었어요.

히틀러가 좋아한
작곡가가 있다고요?

나치의 주제가가 된 바그너의 음악

들으면서 읽어요

리하르트 바그너, 〈발퀴레의 기행〉

4부작으로 이루어진 악극 《니벨룽겐의 반지》 시리즈 중 〈발퀴레〉에 등장하는
곡이에요. 마음이 답답할 때 들으면 가슴이 뻥 뚫릴 만큼 웅장한 곡이니 여러분도
꼭 들어 보면 좋겠어요.

독일은 두 번의 세계대전을 일으킨 전범 국가죠. 1914년부터 1918년까지 일어난 제1차 세계대전에서 패배한 독일은 커다란 위기를 겪었습니다. 일자리가 부족해지고 물가가 치솟자 독일 국민은 절망에 빠졌어요. 또한 1919년 독일과 연합국이 맺은 베르사유 조약에는 패전국인 독일 입장에서 가혹하고 굴욕적인 내용이 담겨 있었습니다. 제1차 세계대전의 책임을 전적으로 독일이 지게 한 거예요. 이 때문에 독일인은 연합국에 적개심을 품습니다.

이런 상황에서 독일의 영광을 되찾겠다며 나선 사람이 있었어요. 독일군을 재무장하고 독일을 전체주의 독재국가로 만든 아돌프 히틀러입니다. 히틀러는 민족주의와 반유대주의를 내세우며 1933년 독일 연방의 총리가 되고, 이듬해 총통이 되어 독일을 통치합니다.

히틀러가 음악을 사랑한 이유

아돌프 히틀러는 1889년 독일 국경 부근에 있는 오스트리아의 작은 마을에서 가난한 하급 세관원의 아들로 태어납니다. 엄격한 아버지 밑에서 자란 그는 열세 살에 아버지가 돌아가시자 화가가 되기로 결심해요. 미술을 공부하려 대학에 진학하지만 실력을 인정받지 못하고 그림엽서 같은 것을 팔면서 생계를 이어 가죠. 그러다 열여덟 살에 어머니가 돌아가시자 히틀러는 독일 설화를 주제로 한 바그너의 음악에 빠져들고, 수많은 책을 읽으며 지식을 쌓아 갑니다. 학자들은 히틀러가 이때부터 반유대주의를 갖게 되었을 거로 추측합니다. 바그너에 대해서는 차차 살펴보도록 할게요.

히틀러는 제1차 세계대전에 참전했다가 제대한 후, 게르만족만이 우월하다고 강조하는 독일 노동자당에 들어갑니다. 그리고 대단한 웅변술과 나치당의 지원을 받아 자신의 세력을 넓혀 가죠. 나치는 독일 노동자당이 1920년에 개칭한 이름으로, 정권과 노동자 조합에 불만을 품은 중간층과 실업자들이 중심이 되었어요. 1933년 1월 30일 나치당의 수상이 된 히틀러는 정권을 차지해 독재 정치를 펼칩니다. 이때부터 히틀러는 유대인을 박해하기 시작하죠. 많은 독일 국민이 히틀러를 지지했는데, 그가 독일 경제를 회복시키고 독일을 강한 나라로 만들고 있다고 믿었기 때문이에요.

급기야 히틀러는 1939년 폴란드를 침공해 제2차 세계대전을 일으킵니다. 이 전쟁으로 수많은 사람이 다치고 죽는 가운데, 600만 명에 가까운 유대인이 강제 수용소에서 학살되었습니다. 온 유럽에 독일 민족의 우월성을 강조하고 싶었던 히틀러는 자신이 싫어하는 유대인을 말살해야 한다고 생각했죠. 하지만 영국과 미국이 주도하는 연합군과의 전투와 더불어 소련군과의 스탈린그라드 전투에서 패전하자 독일의 상황은 악화됩니다. 결국 히틀러는 베를린이 함락되기 직전에 자살로 생을 마감합니다.

히틀러는 게르만족의 자긍심을 고취하기 위해 바그너의 음악을 철저히 이용했습니다. 히틀러는 많은 음악가 중에서 왜 바그너를 선택했을까요?

바그너는 게르만의 영웅 서사시 《니벨룽겐의 노래》를 소재로 4부작 악극 《니벨룽겐의 반지》를 작곡했어요. 바그너보다 한참 뒤에 태어난 히틀러는 바그너의 음악을 경배했죠. 1924년 히틀러는 바그너의 음악이 연주되는 독일 바이로이트를 찾습니다. 그곳에서 바그너의 아들 지크프리트를 만나 독일 민족의 우월성에 대해 이야기를 나눕니다. 그리고 바그너의 오페라 《로엔그린》을 관람한 히틀러는 바그너의 음악이야말로 독일인의 자긍심을 한껏 치켜세우는 음악이라고 생각합니다. 이후 히틀러가 독일 민족을 하나로 똘똘 뭉치게 하기 위해 바그너의 음악을 이용한 된 데는 이러한 배경이 있었던 거죠.

바그너는 왜 유대인을 싫어했을까?

이탈리아에 베르디가 있다면 독일에는 바그너가 있습니다. 두 사람 모두 1813년에 태어난 까닭에 음악사에서 자주 비교되고는 하는데요, 독일 라이프치히에서 태어난 리하르트 바그너는 생후 6개월 만에 아버지가 사망해 양아버지의 손에 자랐어요. 베르디가 친아버지 대신 재력가인 바레치의 도움을 받아 음악가로 성공한 것과 상황이 비슷하죠.

바그너의 양아버지 루드비히 가이어는 배우이자 가수였어요. 연극과 음악을 사랑하는 양아버지의 영향을 받아 바그너도 일찍이 그 분야에 관심을 보였습니다. 바그너는 가이어를 정신적 아버지로 여겼지만, 그의 나이 여덟 살에 가이어도 세상을 떠나고 말아요. 이후 바그너는 고향 라이프치히를 떠나 드레스덴으로 이사하지만 열여덟 살에 다시 돌아와 라이프치히대학교에서 음악과 철학을 공부합니다. 이때부터 음악은 물론 인문학에서 두

각을 보이기 시작합니다. 바그너는 스물아홉 살에 오페라 《리엔치》와 《방황하는 네덜란드인》으로 성공을 거두지만 생계는 나아지지 않았어요. 바그너가 돈을 잘 벌고 유명해진 것은 한참 뒤의 일입니다.

바그너는 유독 유대인을 싫어했던 것으로도 유명하죠. 그는 서른일곱 살이던 1850년에 슈만이 창간한 클래식 음악 잡지 〈라이프치히 음악 신보〉에 가명으로 두 번에 걸쳐 '음악에서의 유대주의'라는 제목의 글을 발표합니다. 아래는 그 글의 일부예요.

"유대인은 다른 민족과 다르다. 고유의 언어가 없고, 영토가 없으며, 고유의 국가가 없기 때문이다. 그리하여 유대인은 이방인이고 국외자일 수밖에 없다. 또한 언어는 '개인'이 아닌 '역사적 공동체'의 작품인데, 유대인은 역사적 언어 발전에서 배제되었으므로 유대인은 자신이 살고 있는 그 나라의 언어를 언제나 외국인으로서 말하고, 이제까지 그렇게 살아왔다. 또한 우리 전 유럽의 문명과 예술은 유대인에게는 낯선 외국어일 뿐이다. 이 언어에서, 이 예술에서 유대인은 단지 언어를 따라 하고 예술을 모방할 뿐이며, 정말로 말하듯이 시를 짓거나 예술 작품을 만들 수 없다."

바그너는 음악은 언어에서 탄생하는데 유대인에게는 자신만의 언어가 없으니 그것을 표현하는 음악도 완성도가 떨어진다고 주장했어요. 유대인이라면 뭐든지 무시하고 싶었던 거죠. 그는 대단한 곡도 만들고, 책도 많이 읽고, 글도 잘 쓰고, 아는 것도 많았지만, 유대인을 질투하고 싫어했습니다. 그의 속마음을 살짝 들여다볼까요?

첫째, 바그너는 재정적인 이유로 유대인을 싫어했어요. 그는 세 살 연상의 여배우 민나 플라너와 결혼하지만, 그녀가 집안의 돈을 모두 챙겨 다른 남자와 도망가는 바람에 큰 타격을 입습니다. 얼마 지나지 않아 민나는 다시 바그너의 곁으로 돌아왔고 바그너는 그녀를 용서합니다. 하지만 생계가 막막했어요. 결국 빚쟁이들의 독촉에 못 이겨 프랑스로 달아나죠. 쫓겨 온 입장이니 형편은 더욱 나빠집니다. 바그너는 자신을 독일 최고의 작곡가라고 여겼는데, 파리에 오자 그리 인기를 끌지 못했어요. 그는 그 이유를 유대인에게 찾았어요. 돈 버는 수완이 좋은 유대인 때문에 자신이 파리에서 돈을 벌지 못한다고 여긴 거죠. 당시 파리

의사소통 능력 UP

독재 권력에 순응하고 힘을 실어 준 인물을 찾아보고,
그를 오늘날 어떻게 평가해야 할지 토의해 봅시다.

에서는 자코모 마이어베어라는 독일 출신 유대인 작곡가가 인기를 끌고 있었습니다. 마이어베어는 바그너를 도우려 여러 방면에서 힘썼지만 결과는 좋지 않았어요. 한껏 기대했던 바그너는 결과가 시원치 않자 마이어베어 탓을 합니다. 유대인 음악가에 더욱 선입견을 품게 되죠.

둘째, 바그너는 자신이 유대계 혈통이라는 소문에 거부감과 열등감을 느꼈어요. 사람들이 바그너의 양아버지 가이어를 유대인의 후손으로 여겨 바그너도 당연히 유대계 혈통이리라고 생각한 것인데요, 바그너는 그런 오해를 받는 것을 싫어했습니다.

셋째, 바그너가 살던 당시 유럽 사람들은 돈을 쓸어 모으는 유대인에 반감이 심했습니다. 특히 독일에서는 그러한 분위기가 더욱 심각했다고 해요. 유대인 고리대금업자들이 자신들을 착취해서 돈을 번다고 생각했거든요.

이처럼 바그너가 유대인을 싫어하는 이유는 복합적입니다. 이세 가지 외에 가장 중요한 이유를 꼽자면 바그너의 민족우월주의적인 생각입니다. 그의 생각으로는 독일이 최고 강국이 되어야 하는데 유대인이 경제적 우위를 차지하고 권력을 쥐는 것이 불만이었지요. 바그너는 유대인의 상업주의가 당대 예술을 망치고 있다며 분노했고, 유대인이 만들고 지원하는 예술을 '타락의 꽃'이라고 폄하했습니다.

독일 전설에서 탄생한 바그너의 대작

잠깐 소개했듯이 바그너는 독일의 옛 전설을 바탕으로 악극《니벨룽겐의 반지》를 만들었습니다. 바그너가 대본을 쓰고 작곡했으며, 완성까지 약 26년이 걸린 대작이에요. 바그너는 길고 복잡한 전설을 깔끔하게 다듬어서 하나의 극으로 재구성했어요. 그래도 연주 시간이 무려 15시간에 달한답니다. 하루에 다 볼 수 없고, 한번 공연이 시작되었다 하면 3~4시간은 걸립니다.

《니벨룽겐의 반지》는 〈라인의 황금〉, 〈발퀴레〉, 〈지크프리트〉, 〈신들의 황혼〉 이렇게 4부작으로 구성됩니다. 일종의 시리즈라고 할 수 있어요. 이 가운데 〈라인의 황금〉에서 〈지크프리트〉까지는 북구 전설을, 〈신들의 황혼〉은 게르만의 영웅 서사시《니벨룽겐의 노래》를 소재로 삼았습니다. 또한《니벨룽겐의 반지》는 유도동기(비슷한 주제나 동기가 등장할 때 똑같이 사용되는 주제 선율)를 적극적으로 활용해 극의 진행을 암시하고 통일감을 주었습니다.

줄거리를 살펴볼까요?《니벨룽겐의 반지》는 어마어마한 힘을 지닌 니벨룽겐의 반지에 관한 네 가지 일화를 한데 묶은 것입니다. 독일 북부에 살았다는 전설의 난쟁이족 니벨룽겐은 불을 뿜는 용 파프너에게 황금을 빼앗깁니다. 그중에는 니벨룽겐을 지켜 주는 절대 반지도 있었어요. 반지를 빼앗긴 니벨룽겐 앞에 용감한 지크프리트가 등장하고, 황금을 되찾은 지크프리트는 무적의 칼로 용을 물리치고 반지와 보물을 모두 차지합니다. 그리고 아이슬란드 여왕 브륀힐데를 만나 영원한 사랑을 약속하죠. 그런데 지크프리트가 군터 왕과 그의 신하의 간계에 빠져 죽고 맙니다. 지크프리트가 죽자 브륀힐데도 스스로 목숨을 끊어요. 지크프리트는 바이킹 배에서 화장되는데, 그 배에는 지크프리트가 파프너에게서 찾아 온 황금 보물도 함께 실려 있었어요. 결국 지크프리트가 끼고 있던 니벨룽겐의 반지와 황금 보물은 깊은 강으로 가라앉습니다.

5교시

○

— 문학시간 —

문학 × 음악 빙고!

그리스 로마 신화	올림포스 12신	오르페우스와 에우리디케	희극
비극	서사시	표제음악	절대음악
환상곡	셰익스피어 《로미오와 줄리엣》	낭만주의	고전주의
괴테 《파우스트》	교향시	그랜드 오페라	레치타티보

얼마나 알고 있는지 체크해 볼까요?

그리스 로마 신화가
클래식의 단골 소재라고요?

작곡가들이 사랑한 '오르페우스와 에우리디케'

들으면서 읽어요

크리스토프 글루크, 〈에우리디케 없이 어찌 살까〉

오페라 《오르페우스와 에우리디케》 중 3막의 비극적인 장면에서 흘러나오는 곡이에요.
인물들이 처한 상황은 안타깝지만 선율만은 매우 아름다워요.

그리스 로마 신화에는 유독 사랑과 이별에 관한 이야기가 많습니다. 신의 사랑이나 인간의 사랑이나 기쁨과 슬픔의 감정은 크게 다르지 않습니다. 사랑하는 사람들의 가장 큰 바람은 오랫동안 함께하는 것 아닐까요? 두 사람이 평생을 같이 하면 더할 나위 없겠지만, 둘 중 한 명이 먼저 죽거나 다른 사람을 찾아 떠나면서 비극으로 끝날 때가 많지요.

동화처럼 '그리하여 두 사람은 행복하게 잘 살았습니다' 하는 결말을 현실에서 찾아보기란 쉽지 않아요. 그러나 역설적이게도 우리는 희극보다 비극에 더 끌립니다. 이루어지지 못한 사랑은 결말을 모르기에 더 기억에 오래 남는 것일지도 모르겠습니다.

그리스 로마 신화 속 올림포스산에는 12신이 살았어요. 신들의 왕 제우스부터 헤라, 포세이돈, 데메테르, 아테나, 아폴론, 아르테미스, 아레스, 아프로디테, 헤르메스, 헤파이스토스, 디오니소스가 바로 그 주인공이지요. 이들이 그리스 로마 신화의 중심을 이룬답니다. 여기서는 그중 비극적인 사랑을 나눈 오르페우스와 그의 부인 에우리디케 이야기를 해볼게요.

비극으로 끝난 연인의 사랑

아폴론의 아들이자 음악의 신인 오르페우스와 물의 요정 에우리디케는 올림포스 신전에 살았습니다. 두 사람은 영원한 사랑을 꿈꾸며 행복한 시간을 보냈죠. 오르페우스가 작은 현악기인 리라를 연주하면 에우리디케는 연주에 맞춰 아름다운 춤을 추었습니다. 그러던 어느 날 에우리디케가 숲에서 뱀에게 물려 죽고 말아요. 오르페우스는 에우리디케를 구하러 기꺼이 저승으로 내려갑니다. 그리고 오르페우스는 에우리디케를 살리기 위해 리라를 연주하죠.

뛰어난 연주에 감명받은 저승의 신 하데스는 에우리디케를 풀어 주면서 오르페우스에게 한 가지를 경고하는데요, 바로 이승에 도착할 때까지 절대 뒤돌아보지 말라는 것입니다. 하지만 오르페우스는 뒤쫓아 오는 에우리디케가 아무 소리도 내지 않자 걱정되는 마음에 저승의 출구를 앞두고 뒤를 돌아보고 말아요. 하지 말라고 하면 더욱 하고 싶은 게 본성일까요? 신도 인간과 다름없어 보여요. 결국 에우리디케는 저승으로 되돌아가고, 오르페우스는 혼자 남아 에우리디케를 그리워하다가 시름시름 앓다 죽게 됩니다. 이렇게 신화는 비극으로 끝나요.

서양의 많은 예술가가 그리스 로마 신화에서 영감을 얻었습니

저승에서 구해 낸 에우리디케를 데리고 이승으로 올라가는 오르페우스
오르페우스는 과연 저승의 신 하데스와의 약속을 지키고
에우리디케와 무사히 저승을 벗어날 수 있을까요?

다. 오르페우스와 에우리디케의 이야기는 작곡가들에게 특히 인기가 많았어요. 1714년에 태어난 독일의 작곡가 크리스토프 글루크도 이 이야기를 바탕으로 3막 구성의 오페라 《오르페우스와 에우리디케》를 만들었습니다. 이 오페라의 3막에서는 오르페우스가 저승의 출구에서 참지 못하고 끝내 뒤돌아보는 장면에 〈에우리디케 없이 어찌 살까〉라는 곡이 흐릅니다. 가사는 다음과 같아요.

> 사랑하는 에우리디케 없이 어떻게 살아갈까?
>
> 이 비탄, 그대 없이 어디로 갈까?
>
> 에우리디케! 나는 영원히 그대의 참된 사랑!
>
> 오 하늘이시여, 대답해 주세요.
>
> 어둠 속을 헤매는 나, 땅에도 하늘에도
>
> 아무 희망이 없는 것입니까?

이 곡과 더불어 2막에서 오르페우스가 하데스 앞에서 리라로

탐구력 UP

'오르페우스와 에우리디케' 이야기의 결말은 비극입니다.
내가 이야기의 결말을 바꿀 수 있다면 어떻게 다시 쓰고 싶나요?

연주하는 〈축복받은 정령들의 춤〉이라는 곡도 매우 아름답습니다. 저승의 신을 감동시키기에 충분할 만큼 애절하고 매혹적인 선율이에요.

글루크 이전에 오르페우스의 이야기를 소재로 이탈리아의 작곡가 클라우디오 몬테베르디가 오페라 《오르페우스》를 만들었습니다. 글루크의 오페라보다 약 150년 앞선 작품이지요. 몬테베르디의 오페라는 5막 구성으로 결말에서 에우리디케와 오르페우스가 함께 별이 되어 하늘로 올라갑니다. 에우리디케가 슬퍼하는 오르페우스를 위해 환생하며 두 사람이 행복하게 산다는 해피엔딩으로 끝맺습니다. 행복한 결말을 원했던 당시 궁정 사람들의 바람을 담아 그렇게 만들었다고 해요. 이처럼 신화를 소재로 한 작품은 창작자에 따라 결말이 달라지기도 합니다.

오페라의 개혁을 외치다

오페라 역사에서 글루크는 빼놓을 수 없는 작곡가입니다. 우리에게는 조금 낯설지만, 글루크는 모차르트보다 먼저 오스트리아 빈 궁정에서 음악가로 활동하며 오페라 작곡가로 이름을 날렸습니다.

글루크는 빈에서 주로 활동하다가 오스트리아 공주인 마리 앙투아네트가 프랑스로 시집을 가자 그녀의 음악 선생님으로 파리에 오랫동안 머물렀습니다. 그 시기 파리에서 인기를 얻으면서 오페라 작곡가로서 승승장구했죠. 그러다가 로마 교황청의 황금 박차 훈장을 받으며 유럽 전역에 명성을 날렸어요. 교황이 인정한 음악가라니, 실력이 얼마나 대단했을지 짐작이 가나요?

글루크는 당시에 한참 유행하던 카스트라토의 연기가 마치 과장된 묘기 같다고 비판했어요. 그러면서 오페라에서 음악 이외의 불필요한 요소들을 제거하자며 오페라의 개혁을 주장하지요. 어느 사회든 부패와 타락이 절정에 달하면 변화를 이끄는 개혁이 일어나기 마련입니다. 1769년 글루크는 클래식의 대대적인 변화를 위해 다음 내용을 강조했습니다.

"시는 음악 표현의 기초가 되므로 음악은 시를 따라야 한다.
아리아와 레치타티보의 구분이 없어야 한다. 가수의 기교 과시나
과도한 음악적 장식을 가능한 한 없애고 단순한 기법을 써야 한다.
악기는 막의 상황에 따라 알맞게 선택되어야 한다.
오페라 시작 전에 연주되는 서곡은 극 전체 분위기와 밀접해야
한다. 합창, 춤, 무대 장면, 무대 효과 등은 극적 명확함을 위해
통일성을 가져야 한다."

글루크는 이탈리아 오페라에 프랑스와 독일 오페라 등의 특성을 융합해서 새로운 오페라의 틀을 제시합니다. 그전까지 카스트라토에 집중된 오페라에서 '음악을 대본에 충실하게 하는 오페라', 즉 가사와 극 내용에 초점을 맞춘 오페라로 변화를 시도하지요. 이처럼 글루크는 오페라 작곡가이자 오페라를 새로운 양식으로 개혁한 뛰어난 음악가였습니다.

Q 고전은 어떻게
음악의 영감이 될까요?

몇 세기를 넘나드는 단테 《신곡》

들으면서 읽어요

프란츠 리스트, 〈단테 소나타〉

환상곡풍의 피아노 독주곡입니다. 고난이도의 연주 기술을 필요로 하는 어려운
곡으로 유명해요. 건반을 누르는 손의 움직임을 상상하며 듣는 것도 재미있을
거예요.

서양 문학에서 가장 영향력 있는 작가들을 꼽으라면 호메로스, 단테, 셰익스피어, 괴테가 아닐까요? 호메로스는 그리스 로마 신화를 바탕으로 서사시 《일리아스》와 《오디세이아》를 썼습니다. 이탈리아의 시인 단테는 서사시 《신곡》으로 유명하지요. 셰익스피어는 민중의 다양한 이야기를 소재로 《햄릿》, 《리어왕》 등의 비극과 《베니스의 상인》, 《한여름 밤의 꿈》 등의 희극을 남겼어요. 마지막으로 독일의 대문호 괴테는 희곡 《파우스트》와 소설 《젊은 베르테르의 슬픔》으로 유명합니다.

여기서는 단테의 《신곡》에서 영감을 받은 빅토르 위고의 시와 프란츠 리스트의 환상곡을 살펴보도록 하겠습니다.

지옥, 연옥, 천국을 담은 이야기

1265년에 태어난 단테 알리기에리의 본명은 두란테 델리 알리기에리입니다. '두란테'를 줄여 '단테'로 주로 부르지요. 단테는 아홉 살 때 같은 나이의 베아트리체를 보고 사랑에 빠집니다. 하지만 둘의 사랑은 이루어지지 않았어요. 단테는 열두 살에 젬마 도나티와 약혼하고 스물여섯 살에 결혼합니다. 베아트리체도 다른 사람과 결혼하지만 스물네 살에 세상을 떠나고 맙니다. 단테는 베아트리체가 죽고 나서도 평생 그녀를 그리워하며 살았어요. 아내인 젬마는 작품에서 거의 언급하지 않았지만, 첫사랑인 베아트리체는 작품마다 등장시켰습니다. 《신곡》에서도 마찬가지였죠.

단테는 피렌체에서 1275년부터 1294년까지 약 20여 년간 신학을 비롯해 여러 학문을 공부합니다. 중세 유럽에서 성행한 스콜라 철학을 깊이 연구했으며, 스콜라 철학의 기본인 아리스토텔레스 철학도 배웁니다. 철학뿐만 아니라 정치에도 관심이 깊었던 단테는 정치 생활 도중 반대파의 명령으로 피렌체에서 추방당해 길고 긴 망명 생활을 하게 되지요. 망명 중 이탈리아의 여러 곳을 돌아다니며 생활했고, 그 와중에 여러 편의 시와 논문을 썼는데 그중 가장 유명한 것이 바로 《신곡》입니다.

탐구력 UP

단테의 《신곡》, 호메로스의 《일리아스》와 《오디세이아》와 같은 서사시에는 어떤 특징이 있을까요?

《신곡》은 신학적인 내용을 담은 장편 서사시입니다. 이 작품에는 세 명의 주요 등장인물이 있는데, 지옥의 심연부터 연옥과 천국을 모두 돌아보는 주인공 단테와 그를 인도하고 장소를 설명해 주는 베르길리우스, 그리고 마지막에 단테를 구원하는 베아트리체입니다. 작품의 시간적 배경은 중세로, 1300년 4월 8일 봄을 알리는 시기부터 7일 6시간 동안 지옥부터 천국까지 돌아보는 여정입니다.

《신곡》은 인생의 중반에서 단테가 로마의 시인 베르길리우스의 안내에 따라 지옥으로 향하고, 이후 지옥보다는 고통이 덜한 연옥을 지나 자신이 평생 사랑했던 베아트리체의 안내로 천국에 가서 구원받는다는 이야기입니다. 당시 모든 작품은 라틴어로 출간되었지만, 단테는 《신곡》을 모국어인 이탈리아어로 써서 대중에게 작품 속 구원의 메시지를 널리 알리고자 했어요.

단테가 쏘아 올린 리스트의 환상곡

단테의 《신곡》은 많은 예술가에게 영향을 끼쳤습니다. 1802년에 태어난 프랑스의 시인 빅토르 위고는 《신곡》을 읽고 감명받아 〈단테를 읽고〉라는 시를 썼어요. 그리고 1811년에 태어난 형

가리의 작곡가 프란츠 리스트는 이 시에서 영감을 얻어 〈단테 소나타〉를 작곡하지요. 13세기의 단테가 19세기의 빅토르 위고와 프란츠 리스트에게 영감을 준 셈입니다.

먼저 리스트가 어떤 인물이었는지 알아볼까요? 낭만주의의 대표 음악가인 리스트는 피아노곡, 관현악곡, 편곡 등 많은 작품을 남겼으며, 특히 문학과 미술 작품에서 영감을 받은 표제음악이라는 장르를 개척합니다. 표제음악이란 말 그대로 제목이 있는 작품을 말해요. 이전 작품들은 대부분 특정 제목이 붙지 않아 절대음악이라고 불렸습니다. 당시 작곡가들은 곡에 제목을 붙이지 않아야 음악을 들을 때 상상의 나래를 펼칠 수 있다고 생각했거든요. 하지만 표제음악은 곡을 설명하는 제목이 붙어서 구체적으로 상상하는 데 도움이 된다는 장점이 있었죠.

리스트의 젊은 시절 작품을 살펴보면 화려하고 기교가 많은 외향적 편곡이 대다수지만, 말년에는 내면을 들여다보는 조용하고 평화로운 곡이 많습니다. 많은 작품에 표제음악의 특징이 드러나기도 했죠. 또한 리스트의 소나타는 기존의 소나타와 다르게 좀 더 자유로운 형식을 사용해서 '환상곡'이라는 이름이 붙습니다.

〈단테 소나타〉는 리스트의 작품인 《순례의 해 2권 : 이탈리아》 중 마지막 일곱 번째에 수록된 악곡입니다. 《신곡》의 배경인 지옥과 연옥, 천국은 물론 단테와 베아트리체의 사랑까지 표현해 냈어요. 리스트의 고유한 기법인 대조적인 셈여림, 높이가 다른 두 음을 동시에 누르는 옥타브를 사용하며 관현악적 색채를 드러냈습니다. 또한 반음계로 지옥을 묘사했으며 트레몰로(같은 음을 같은 속도로 여러 번 치는 연주법)와 아르페지오(화음을 이루는 각 음들을 아래에서 위로, 또는 위에서 아래로 내는 연주법), 반음계 하행, 고음역에서의 옥타브 사용으로 아름다운 천국을 표현했어요. '소나타풍의 환상곡'이라는 부제에서 알 수 있듯, 도입부-제시부-발전부-재현부-종결부 등의 소나타 형식으로 곡이 쓰였지만 하나의 악장으로 구성되었습니다. 세 가지 주제를 다양하게 변형해 곡을 전개하는 주제변형 기법을 통해 모티브들이 꾸준히 발전하고 반복되어 작품에 통일감을 줍니다.

〈단테 소나타〉 첫 부분의 서주는 지옥의 입구에 쓰여 있다는 "일체의 희망을 버려라, 이 문에 들어서는 자여"를 표현합니다. 이 곡은 죽음 이후의 모습과 죽은 자들에 대한 위안을 다채로운 음색으로 담아내지요. 문학에서 받은 영감을 음악으로 승화한 이 작품은 리스트의 이름을 널리 알린 위대한 작품이랍니다.

같은 이야기도 창작자에 따라 달라진다고요?

셰익스피어와 차이콥스키의 '로미오와 줄리엣'

들으면서 읽어요

표트르 일리치 차이콥스키, 〈로미오와 줄리엣〉

차이콥스키는 두 남녀의 비극적인 사랑 이야기를 음악으로 어떻게 표현했을까요?
그가 '환상 서곡'으로 이름 붙인 이 작품을 함께 감상해 봅시다.

슬픈 사랑의 대명사라고 하면 많은 사람이 '로미오와 줄리엣'을 떠올립니다. 잘 알려져 있다시피 로미오와 줄리엣은 영국의 대문호 윌리엄 셰익스피어의 희곡 《로미오와 줄리엣》의 주인공입니다. 셰익스피어는 영국 사람들에게 존경받는 위인이에요. 그는 시인이자 극작가였는데, 신조어도 잘 만들었다죠.

1564년에 태어난 셰익스피어는 1616년 세상을 떠날 때까지 《햄릿》, 《리어왕》, 《오셀로》, 《맥베스》, 《말괄량이 길들이기》, 《베니스의 상인》, 《한여름 밤의 꿈》 등 37편의 희곡과 2편의 장시, 54편의 소네트(시)를 썼어요.

배우로도 활동했던 셰익스피어는 특히 희곡에 관심이 많았습니다. 그가 만든 희곡 37편 가운데 절반은 그의 생전에 출판되었어요. 그의 작품에는 1,100명이 넘는 인물이 등장합니다. 남자와 여자, 늙은이와 젊은이, 사랑하는 사람과 이별하는 사람, 백작과 평민 등 다양한 인물이 등장하는 것을 보면 얼마나 사람에게 관심이 많고 관찰력이 뛰어난지 존경스럽기까지 합니다.

프랑스 작곡가 엑토르 베를리오즈와 러시아 작곡가 세르게이

프로코피예프, 표트르 일리치 차이콥스키 등 많은 작곡가가 셰익스피어에게 깊은 영감을 받아 작품을 썼습니다.

셰익스피어가 써 내린 비극적인 사랑

셰익스피어가 1597년에 발표한 《로미오와 줄리엣》은 이탈리아의 아름다운 도시 베로나를 배경으로 합니다. 작품 속 베로나에는 몬터규와 캐플렛이라는 두 가문이 살고 있어요. 두 가문은 대대로 원수지간이었죠. 운명의 장난처럼 몬터규 집안의 로미오와 캐플렛 집안의 줄리엣이 만나 첫눈에 사랑에 빠집니다. 이 사실을 눈치 채지 못한 줄리엣의 아버지는 줄리엣이 다른 청년과 결혼할 것을 명해요. 줄리엣은 묘수를 부립니다. 결혼식 전날 잠깐 죽은 척할 수 있는 독약을 먹어요. 이런 정황을 모르고 있던 로미오는 줄리엣이 죽었다는 소식을 듣고 절망에 빠져 줄리엣 곁에서 독약을 먹고 죽습니다. 로미오에게 줄리엣이 없는 세상이란 지옥과 같았기 때문이죠. 한편 가짜 독약을 먹고 잠들었다가 깨어난 줄리엣은 진짜 독약을 먹고 죽은 로미오의 죽음을 깨닫고 자신도 역시 자살을 합니다.

셰익스피어의 《로미오와 줄리엣》은 1562년 영국의 시인 아서

《로미오와 줄리엣》의 유명한 발코니 장면
로미오와 줄리엣의 사랑은 수많은 예술가에게 작품의 영감이 되어 주었죠.

브룩이 발표한 서사시 《로미오와 줄리엣》의 줄거리를 원작으로 합니다. 하지만 두 사람의 이루어질 수 없는 사랑 이야기는 그리스 로마 신화의 '피라모스와 티스베' 이야기와 비슷해요. 이 이야기에서도 원수지간인 두 집안의 젊은이가 이루지 못할 사랑을 하다가 죽음을 맞지요.

셰익스피어의 《로미오와 줄리엣》은 시간이 흐른 오늘날까지도 뮤지컬, 연극, 영화 등 여러 버전으로 각색되어 많은 사랑을 받고 있습니다.

차이콥스키의 음악은 왜 슬플까?

이루어지지 못한 사랑 이야기도 무척 슬프지만, 마음을 드러내지 못해 슬픈 사랑도 있습니다. 바로 차이콥스키의 이야기예요. 차이콥스키는 러시아 음악사에 큰 획을 그은 작곡가이자, 전 세계적으로 널리 사랑받는 작곡가입니다.

1840년에 광산 기사인 아버지와 프랑스계 러시아 이민자 어머니 사이에서 태어난 차이콥스키는 음악을 좋아하는 부모의 영향으로 항상 음악 속에서 살았습니다. 하지만 처음부터 음악을 전공하지는 않았어요. 법률학교를 졸업하고 법무성 공무원으로 일하면서 음악을 취미로 즐겼죠. 그러다 스물두 살에 음악에 전념하기 위해 일을 그만둡니다.

차이콥스키는 작품에 비애와 우수를 가득 담아냈는데, 거기에는 특별한 사연이 있었습니다. 남자를 좋아했던 그는 남들과 다른 사랑의 형태로 괴로워하며 그 감정을 음악으로 표현했지요. 차이콥스키는 19세기 후반 전 세계적인 민족주의와 유럽의 낭만주의 음악 사이에서 자신의 음악을 만들어 갔습니다. 낭만주의는 객관적이고 일반적인 형식을 중요시한 고전주의와 달리 주관적인 감정을 중요시한 음악 사조예요. 특히 그는 발레 음악과 교향곡에 관심이 많았습니다.

지나칠 정도로 내성적이고 예민한 성격이었던 차이콥스키는 자기주장을 굽히지 않으면서 서정적인 선율과 풍부한 화음을 작품에 사용했습니다. 이를 통해 서구의 작곡 스타일을 받아들이면서도 러시아 민요의 영향을 바탕으로 러시아 민족의 색채와 인간애를 선율에 담아냈습니다.

음악이 된 '로미오와 줄리엣'

차이콥스키가 작곡한 〈로미오와 줄리엣〉은 제목에서 알 수 있듯

셰익스피어의 동명의 희곡을 원작으로 합니다. 차이콥스키의 다른 주요 작품들과 달리 〈로미오와 줄리엣〉은 작품 번호가 없습니다. 차이콥스키가 '환상 서곡'으로 이름 붙여 그렇게 불리기는 하지만, 이 곡은 전체적으로 소나타 형식의 교향시예요. 교향시는 문학적이거나 회화적인 내용을 표현한 관현악곡이에요.

차이콥스키의 〈로미오와 줄리엣〉에는 특별한 사연이 숨어 있습니다. 1869년 모스크바 음악원 교수로 일하던 스물아홉 살의 차이콥스키는 첫 번째 교향곡과 오페라를 작곡한 후 〈파툼〉이라는 교향시를 작곡합니다. 파툼은 로마 신화에 나오는 운명의 신이에요. 차이콥스키는 〈파툼〉을 러시아의 작곡가이자 지휘자 밀리 발라키레프에게 헌정하면서 상트페테르부르크에서 지휘해 달라고 요청하죠. 그런데 발라키레프는 차이콥스키에게 편지를 보내 이 곡의 결함을 자세히 설명하고 그의 음악에 조언을 합니다. 덧붙여 셰익스피어의 《로미오와 줄리엣》을 바탕으로 작품을 써보라고 제안해요.

사고력 UP

셰익스피어의 《로미오와 줄리엣》은 배경만 다를 뿐
비슷한 이야기의 구조로 현재까지 재생산되고 있습니다.
이처럼 고전이 계속해서 새로운 작품으로 만들어지는 이유는 무엇일까요?

당시 차이콥스키는 《운디네》라는 오페라를 작곡하면서 어려움을 겪고 있었습니다. 발라키레프는 〈로미오와 줄리엣〉의 구조는 물론 곡의 세부 정보에 관한 다양한 의견을 주었어요. 〈로미오와 줄리엣〉의 첫 번째 버전은 별로 인기를 끌지 못했고, 차이콥스키는 발라키레프의 비판을 온전히 받아들여서 작품을 재작업했습니다. 현재 여러분이 듣고 있는 〈로미오와 줄리엣〉은 한 번의 개작을 더 거쳐서 세 번째 수정한 버전입니다.

Q 예술은 인간의 내면을 어떻게 다루나요?

괴테 《파우스트》에 영감받은 구노의 오페라

들으면서 읽어요

샤를 프랑수아 구노, 〈보석의 노래〉

오페라 《파우스트》의 전곡 중 가장 유명한 곡이에요. 3막에서 그레트헨이 악마가
몰래 가져다 둔 보석을 보고 좋아하며 이 노래를 부르는데요, 정말 보석이 눈앞에
있다면 이 곡처럼 흥겨운 노래가 절로 나올 것 같아요.

독일 사람들은 괴테를 최고의 문인이자 독일의 자랑으로 여깁니다. 요한 볼프강 폰 괴테는 1749년 독일 프랑크푸르트에서 황실 고문관인 아버지와 시장의 딸인 어머니 사이에서 태어났어요. 괴테의 친가와 외가 모두 유복한 지식인 집안이었죠. 그는 여덟 살이라는 어린 나이에 할아버지에게 시를 써서 편지를 보낼 정도로 문학에 천재성을 보였습니다. 열여덟 살에는 첫 희곡을 썼고, 스물세 살에는 소설 《젊은 베르테르의 슬픔》을 발표하면서 명성을 얻었어요.

괴테는 1773년 스물네 살에 희곡 《파우스트》의 집필을 시작해 한평생 열정을 쏟았어요. 《파우스트》는 2부로 구성되는데, 괴테는 59세에 1부를 발표하고, 82세에 2부를 완성한 다음 이듬해에 생을 마칩니다. 60년 동안 《파우스트》를 썼지만, 결국 책은 그가 세상을 떠난 뒤에 출간되었습니다. 괴테의 작품은 베토벤으로 대표되는 고전주의와 쇼팽이 활동했던 낭만주의를 지나며 음악사에 거대한 업적을 남겼습니다.

파우스트와 악마의 계약

파우스트는 '행운'이라는 뜻의 라틴어 파우스투스^{faustus}에서 유래했습니다. 1587년 출판업자인 요한 슈피스가 구전되던 민간 전설을 《요한 파우스트 박사 이야기》라는 제목으로 책을 펴낸 이후 괴테, 토마스 만, 오스카 와일드 등 작가는 물론이고 베를리오즈, 리스트, 바그너, 구스타프 말러, 샤를 프랑수아 구노 등 음악가가 작품의 소재로 활용했습니다.

괴테의 《파우스트》는 독일 전설인 파우스트 이야기를 극적으로 구성한 희곡입니다. 선과 악을 두고 펼쳐지는 악마의 유혹에 초점을 맞추었지요. 이 희곡은 독일 전설뿐 아니라 하느님의 구원과 그리스 로마 신화의 여신 헬레네가 등장하며 이야기가 폭넓게 구성됩니다. 희곡은 총 2부로 이루어지며, 1부에서는 파우스트가 악마 메피스토펠레스에게 영혼을 팔아서 겪는 여러 일이 등장합니다. 그리고 2부에서는 그리스 로마 신화를 배경으로 어떻게 하면 인간이 구원받을 수 있는지를 철학의 관점에서 다룹니다.

그럼 줄거리를 살펴볼까요? 평화로운 천국에는 하느님 곁에 가브리엘, 라파엘, 미카엘 세 대천사와 악마 메피스토펠레스가 있습니다. 하느님은 지상에서 자신의 삶을 한탄하며 불평을 털

파우스트와 악마 메피스토펠레스
하느님과 내기를 한 메피스토펠레스는 파우스트에게
거절하기 어려운 계약을 제안을 합니다.

어놓는 학자 파우스트를 보고 메피스토펠레스에게 그를 아느냐고 묻습니다. 메피스토펠레스가 파우스트는 하느님을 믿지 않아 절대 구원받을 수 없다고 말하면서 하느님과 내기를 합니다. 파우스트가 악마의 유혹에 넘어오는지 아닌지를 두고 말이죠. 대천사들은 악마의 간악함을 걱정하지만, 하느님은 파우스트도 곧 구원받아 올라올 것이라며 지켜보자고 합니다.

독일의 작은 마을에 사는 파우스트는 자신의 지식은 쓸모없고 인생 또한 볼품없다고 자조하면서 독약을 먹고 죽으려고 합니다. 이때 파우스트 앞에 악마 메피스토펠레스가 나타납니다. 악마는 파우스트에게 젊음을 선물하고 세상의 모든 즐거움을 맛보게 해준다며 계약을 제안하죠. 단 계약 조건은 이승에서는 악마가 파우스트의 종이 되고, 저승에서는 파우스트가 악마의 종이 되는 것이었어요. 저승보다 이승에서의 삶이 더 중요하다고 생각한 파우스트는 악마와 계약을 맺고 함께 여행을 떠납니다.

메피스토펠레스의 힘으로 젊음을 얻은 파우스트는 그레트헨과 사랑에 빠집니다. 하지만 두 사람 사이에서 태어난 아이는 죽고 그레트헨은 참수형을 받습니다. 당시에는 결혼하지 않은 여자가 아이를 낳는다는 게 큰 불경죄였거든요. 그레트헨은 탈출하자는 파우스트의 제안을 거부하고, 그레트헨의 영혼은 구원받아 하늘로 올라갑니다. 여기까지가 1부입니다.

2부에서는 좀 더 철학적으로 접근합니다. 파우스트는 메피스토펠레스와 함께 여러 곳을 여행하면서 다른 사람의 행복을 위해 희생하는 삶이야말로 가치 있다는 것을 깨달아요. 결국 파우스트는 행복해하며 숨을 거두고, 메피스토펠레스는 죽은 파우스트의 영혼을 가로채서 저승에서 종으로 부리려 합니다. 하지만 하느님이 먼저 파우스트의 영혼을 구원한 덕분에 파우스트는 천국에 올라와 그레트헨을 만나지요. 그리고 파우스트는 이렇게 말합니다. "멈추어라, 너 정말 아름답구나."

독일 전설 속 파우스트는 실재 인물이기도 합니다. 현실의 파우스트인 요한 게오르크 파우스트는 16세기에 살던 연금술사였어요. 하지만 괴테의 희곡에서 파우스트는 학자로 바뀌었습니다. 어릴 적부터 파우스트 전설에 친숙했던 괴테는 이를 소재로 인간이 속박 없이 마음껏 욕망을 실현할 수 있다면 어떠한 결과에 이를지 알고 싶었어요. 자신이 궁금했던 내용을 질문 삼아 답을 찾는 과정을 희곡으로 묘사한 셈입니다.

괴테는 《파우스트》를 통해 삶의 진정한 가치를 이야기합니다.

탐구력 UP

파우스트는 이야기의 결말에서 삶의 진정한 가치를 깨닫습니다.
여러분이 인생을 살면서 중요하게 여기는 가치는 무엇인가요?

파우스트는 어느 순간 지식과 젊음, 미녀 헬레네와의 사랑 그 모든 것에서 한계에 부딪힙니다. 곧이어 현실에서 우리가 누리고자 하는 것들은 향락일 뿐 영원한 진리가 아님을 깨닫지요. 괴테는 나만의 행복을 위한 유혹을 견디면서 다른 사람의 행복을 위해 노력하는 사람만이 진정한 행복을 찾은 사람이라고 말합니다. 그리고 그런 삶을 살아야만 구원받을 수 있다는 것을 강조해요. 파우스트를 데리고 하늘로 올라가는 대천사들도 언제나 열망하고 노력하는 자가 구원받을 수 있다고 말합니다.

음악으로 풀어 낸 파우스트 이야기

파우스트 이야기는 여러 음악 작품에도 등장합니다. 슈만은 오라토리오 《괴테 파우스트의 장면들》을 작곡했고, 베를리오즈는 오페라 《파우스트의 겁벌》을 작곡했습니다. 리스트는 〈파우스트 교향곡〉을 만들었지요. 여기서는 구노의 오페라 《파우스트》를 다뤄 볼게요. 이 오페라는 괴테의 《파우스트》 1부를 바탕으로 합니다.

1818년 프랑스에서 태어난 샤를 프랑수아 구노는 파리 음악원에서 공부하다가 1839년 성악곡 〈페르디난드〉로 프랑스 예술

원이 매년 콩쿠르 1등에게 주는 로마 대상을 받으면서 음악계에 입성합니다. 구노는 수상한 덕에 이탈리아 로마에서 3년간 머물며 16세기 작곡가 조반니 팔레스트리나의 음악을 공부합니다. 또한 르네상스 시대 종교 음악을 연구하고, 독일과 오스트리아를 거쳐 파리로 돌아와서는 교회 음악에 집중합니다. 이후 슈만과 베를리오즈를 사귀면서는 세속 음악으로 전향해 오페라 작곡을 시작하지요.

구노는 1859년에 오페라 《파우스트》를 발표하며 명성을 얻습니다. 영국에 거주하면서는 합창 지휘자로 활동하며 주로 성악곡을 작곡합니다. 이후에는 바흐의 《평균율 클라비어곡집 1권》의 첫 번째 전주곡을 바탕으로 한 〈아베 마리아〉 등 기독교 음악을 많이 작곡했어요.

구노의 《파우스트》는 5막으로 구성된 그랜드 오페라입니다. 그랜드 오페라란 19세기 프랑스에서 발달한 오페라 양식으로, 규모가 크고 화려하다는 특징이 있습니다. 《파우스트》의 대본은 오페라 《로미오와 줄리엣》의 대본을 쓴 질 바르비에와 미셸 카레가 완성했습니다. 오페라 《파우스트》는 구노가 작곡한 12편의 오페라 중 《로미오와 줄리엣》과 함께 가장 유명한 오페라이자, 괴테의 《파우스트》를 원작으로 하는 무대 작품 중에서도 가장 유명합니다.

오페라 《파우스트》의 곡 중에서도 3막에 나오는 그레트헨의 아리아 〈보석의 노래〉가 특히 유명합니다. 파우스트의 철학적인 고뇌를 강조한 괴테의 원작과 달리, 오페라에서는 그레트헨의 비극에 초점을 맞춥니다. 그래서 이 오페라를 독일어권에서는 파우스트 대신 마르게리테(그레트헨의 또 다른 이름)라는 제목으로 부르기도 했습니다.

한편 19세기에는 파리 오페라 극장에 특이한 규정이 있었습니다. 바로 서정적인 극에는 반드시 발레를 포함해야 한다는 것이었죠. 오페라에 발레가 필수 조건이라니 놀랍지 않나요?

1859년 파리의 리릭 오페라 극장에서 오페라 《파우스트》를 초연하게 된 구노는 규정에 따라 일곱 개의 발레곡을 올립니다. 그는 발레곡에 명쾌한 선율과 투명한 색채감을 살려 대중이 쉽게 이해하도록 했어요.

이 작품을 리릭 오페라 극장에서 초연했을 당시 파리 사람들은 비극을 즐기지 않아 별로 관심을 보이지 않았습니다. 나중에 구노는 곡 사이의 대사를 말하듯이 노래하는 창법인 레치타티보로 바꾸고 발레 장면을 추가해 1869년 파리 오페라 극장(지금의 오페라 가르니에)에서 개정판으로 공연합니다. 이때는 대단한 호평을 받았습니다.

이후 오페라 《파우스트》는 1919년까지 파리에서만 1,500회

공연 기록을 세웠고 미국 뉴욕 메트로폴리탄 오페라 극장에서도 인기리에 공연되었습니다.

중학교

과학1
VI. 빛과 파동
  3. 파동과 소리

과학3
IV. 자극과 반응
  1. 감각 기관

수학3
II. 이차방정식
  2. 이차방정식

사회1
IX. 정치 생활과 민주주의
  2. 민주 정치의 발전과 민주주의

사회2
I. 인권과 헌법
  1. 인권 보장과 기본권

역사1
I. 문명의 발생과 고대 세계의 형성
  2. 세계의 선사 문화와 고대 문명

IV. 제국주의 침략과 국민 국가 건설 운동
  1. 유럽과 아메리카의 국민 국가 체제

V. 세계대전과 사회 변동
  1. 세계대전과 국제 질서의 변화
  3. 인권 회복과 평화 확산을 위한 노력

도덕1
I. 자신과의 관계
  4. 삶의 목적
  5. 행복한 삶

III. 사회·공동체와의 관계
  1. 인간 존중

도덕2
III. 자연·초원과의 관계
  3. 삶의 소중함

책

민은기, 강한 그림, 《난처한 클래식 수업 4》, 사회평론, 2020

오희숙, 《음악이 멈춘 순간 진짜 음악이 시작된다》, 21세기북스, 2021

이영숙, 《오페라와 함께하는 사회탐구》, 다른, 2019

전국역사교사모임, 《살아있는 세계사 교과서 1》, 휴머니스트, 2005

조현영, 《여기는 18세기, 음악이 하고 싶어요》, 다른, 2021

후루야 신이치, 홍주영 옮김, 《피아니스트의 뇌》, 끌레마, 2016

도판 출처

27쪽 ©Nikandrov Yury - 셔터스톡

72쪽(위) ©Gérard Janot - 위키미디어

72쪽(아래) ©Buffy1982 - 셔터스톡

다른 포스트

뉴스레터 구독신청

기다렸어, 이런 음악 수업

음악실에서 만나는 과학·수학·사회·역사·문학

초판 1쇄   2022년 6월 30일
초판 2쇄   2023년 5월 12일

지은이   조현영

펴낸이   김한청
기획편집   원경은 차언조 양희우 유자영 김병수 장주희
마케팅   현승원
니사인   이싱아 빅다애
운영   최원준 설채린

펴낸곳 도서출판 다른
출판등록 2004년 9월 2일 제2013-000194호
주소 서울시 마포구 양화로 64 서교제일빌딩 902호
전화 02-3143-6478 팩스 02-3143-6479 이메일 khc15968@hanmail.net
블로그 blog.naver.com/darun_pub 인스타그램 @darunpublishers

ISBN   979-11-5633-472-9 (44000)
        979-11-5633-470-5 (세트)